Ⓢ新潮新書

安西 巧
ANZAI Takumi

マツダとカープ

松田ファミリーの100年史

942

新潮社

はじめに

企業と創業家――。歳月を重ねるにつれ、両者の関係は変わっていく。

とはいえ、人々が集い事業を営む「器」に生命を吹き込んだ創業者の人格や理念は、遺伝子のように組織に深く刻み込まれ、経営者から従業員に至るまでのモチベーション（目的意識）や倫理観をしばしば支配する。

100年前、故郷・広島の財界人たちに切望され、破綻に瀕した東洋コルク工業（後の東洋工業、現在のマツダ）の経営を引き受けた松田重次郎《じゅうじろう》（1875〜1952年）。広島湾に面した漁村の極貧の家庭に生まれながら、一代で大企業の礎を築いた彼の一族はその後の1世紀、時代の激流に巻き込まれた。

重次郎の長男である2代目・恒次《つねじ》（1895〜1970年）は若くして大病に冒され隻脚となり、戦後は同族経営批判を浴びて社外へ追放された時期もあったが、程なく舞い戻り、やがて世界初のロータリーエンジンの量産化を実現し、自動車メーカーとして確固たる事業基盤を築いた。だが、恒次の長男である3代目・耕平《こうへい》（1922〜2002年）は、父の置き土産であるロータリーエンジン車を世界へ羽ばたかせる途上の過大投資で躓き、メーンバンクとの確執も絡んで、50代半ばで経営の中枢から追われる。

東洋工業で実権を失った耕平は以後、プロ野球「広島東洋カープ」の経営に情熱を傾けた。原爆の焦土から復興のシンボルとして立ち上がったカープは、地方球団ならではの熱烈なファンに支えられ、今では球界随一の「地域で愛されるチーム」となっているが、その道程は苦難の連続だった。

耕平の死後、球団オーナーの座を引き継いだ4代目の元《はじめ》（1951年生まれ）は製造業を範にした会計システムを構築するとともに、資金難を逆手にとって、チームの戦力を「買う」のではなく「育てる」戦略を徹底した。高卒の逸材発掘に傾注する一方、父・耕平の発案で開設した中米ドミニカ共和国の野球学校「カープ・アカデミー」に心血を注いだことが、2004年の1リーグ再編騒動を経て、改革が進むプロ野球界で徐々に実を結んでいく。

元のボールパークへのこだわりを具現化した「マツダスタジアム」が2009年に開設すると、観客動員が跳ね上がり、球団財政も一気に好転する。「育てる」戦略が実を結んだ2016年からリーグ3連覇を達成し、「常勝球団」と呼ばれるようになった。

だが、新型コロナウイルスのパンデミック（世界的大流行）に襲われた2020年、日本のプロ野球界は、当初予定の3カ月遅れとなる6月半ばから公式戦開催に漕ぎ着けたものの、1球団あたりの試合数は当初予定の143試合から120試合に削減され、7月9日までは全球団が無観客試合を余儀なくされた。カープは観客動員が前年に比べ4分の1以下に激減。球団は46年ぶりに赤字を計上した。

カープの苦難と再生の道程は、リーマン・ショック後の経営危機を克服し、乾坤一擲《けんこんいってき》の低燃費エンジン「スカイアクティブ」で復活を遂げたマツダにも重なる。従来の常識を覆す画期的なガソリンエンジン、ディーゼルエンジンを搭載し、2012年に発売した新型SUV（多目的スポーツ車）「CX－5」が国内外で大ヒット。世界市場でMAZDAブランドはロータリーエンジン以来の名声を取り戻した。だが、わずか10年足らずのうちに、地球温暖化に対する危機意識の高まりが「環境対策の優等生」だったマツダへの逆風に変わった。

石炭・石油はじめ化石燃料に依存するオールドエコノミーの復権を唱えてきた米大統領ドナルド・トランプ（1946年生まれ）が再選を果たせず、代わって気候変動対策に積極的なジョー・バイデン（1942年生まれ）が政権の座についたことが象徴するように、2020年秋からカーボンニュートラル（温暖化ガス排出量実質ゼロ）への動きが世界で一気に加速した。

同じタイミングで日本の当時の首相、菅義偉（1948年生まれ）も「2050年のカーボンニュートラル」を宣言。内燃機関（化石燃料で駆動させるエンジン）の改良で環境規制に対応してきたマツダは方針転換を迫られ、2030年までに世界で生産する全車両に電動化技術を搭載することを明らかにした。

2021年6月に発表した同社の電動化計画では、2030年時点の生産車両構成比は電気自動車（EV）が25%、ハイブリッド車と簡易ハイブリッド車、プラグインハイブリッド車（PHEV）の合計が75%とした。巨額の投資を迫られる電動化計画を巡っては、2015年から提携関係にあるトヨタ自動車との協業が既定方針と見られていたが、マツダはEVの専用プラットホーム（車台）の開発を本格化させ、あくまで自前の電動化戦略を貫く構えを見せている。

中でも「マツダらしさ」を彩るEV技術の1つとして、ロータリーエンジンの存在が再び脚光を浴びている。当初はEVの航続距離を延ばすことを目的にロータリーエンジンを利用するレンジエクステンダー（航続距離延長装置）の開発を目指したが、その後方針を修正しながら、まずはプラグインハイブリッド車（PHEV）のモーターをロータリーエンジンを使った発電機で動かす新型車を早期に売り出す。

1970年代に軽量かつ低騒音という画期的なロータリーエンジンがオイルショックという壁に行く手を阻まれたように、低燃費のスカイアクティブがカーボンニュートラルという波に呑み込まれていくという、マツダに対する悲観的な見方も確かにある。

だが、技術陣が後ろを向くことはない。2012年のスポーツカー「RX-8」への搭載を最後に一度は製造を中止していたロータリーエンジンの系譜を絶やさず、10年後にPHEVとして復活させる。さらにゆくゆくは水素やバイオ燃料、eフューエル（再生エネルギーで作った水素を用いた合成燃料）を燃料とするロータリーエンジン車の開発を視野に入れている。

いずれにせよ、カープにも、マツダにも苦難に際してあきらめない松田家の「不屈のDNA」が息づいている。

初代・重次郎は「道に落ちているものでも拾ってはならぬ」という少年時代の母の教えを生涯守り、その後継者である2代・恒次は「公私の峻別」を貫いた。恒次は従業員に業務用電話の私用を禁じる目的で社内の至る所に赤電話（公衆電話）を配置した一方、自らを律し、宴席の二次会以降の費用は自己負担とし、社有車の私的利用や休日の利用は厳禁とした。生前、日曜日に広島市内の繁華街で不自由な身体を庇いつつ、タクシーを利用している恒次の目撃談が知人の間で話題になっていた。

マツダの歴代社長には不文律がある。退任後は短期間会長を務めた後、ほぼ例外なく役職を退き、会社に寄り付かなくなる。社長退任後は「私人」となり、会社との関係は一線を画すということだ。これは2代・恒次が口を酸っぱくして説いた「公私の峻別」、つまり経営の私物化に対する歯止めになる。日本の大企業では稀有なこうした経営者のけじめのつけ方は、創業家以来の組織の土壌といえる。

また、初代・重次郎はマツダ以外にも、後世に大企業を遺している。1915年（大正4年）に大阪・上福島で旗揚げしたポンプ製造の松田製作所は、後に日本兵器製造、大阪機工と商号変更し、現在の社名はOKK。東証1部上場の工作機械メーカーとして年商約200億円、従業員約800人（いずれも連結ベース）を擁する。

この旧松田製作所で重次郎は新工場建設問題を巡って他の重役陣と対立し、会社設立からわずか2年で辞任しているが、ものづくりへのこだわりや品質重視の経営姿勢などはマツダと共通すると現在のＯＫＫ首脳は語る。マツダやカープもそうだが、松田家が携わった企業は、どこかエッジの効いた、尖った経営カラーを長く保持しているのだ。

本書は、日本の産業史や経営史に確固たる足跡を遺しながらも、これまで評価される機会の少なかった松田家の歴代経営者の生涯を辿りながら、日本の著名企業で数少ない「尖った経営」がどのように生まれてきたのかを探っていく。

執筆に際し、松田家をはじめ、マツダやカープ球団、地元・広島を含む各地の様々な関係者にお話をうかがった。また、巻末に掲載した通り、多くの文献を参考にした。事実誤認などがあれば筆者の責任であることは言うまでもない。

（文中敬称略）

マツダとカープ　松田ファミリーの１００年史――目次

はじめに　3

序　章　なぜ広島「東洋」カープなのか　17
戦後広島の希望だったマツダとカープ／工員食堂の2階が「NHKスタジオ」になるカオス／三輪車の生産を決意するも……／部品の調達と根回しに四苦八苦／タイヤのつかない「足なし車」／正力松太郎、「2リーグ制」をひっさげて再登場／カープ誕生の背景にあった元中日球団代表の「野望」／貧乏すぎて、二軍選手は全員解雇／一時は大洋との合併構想も／初代監督・石本をめぐるウワサ／財界主導で新会社「広島カープ」誕生／「東洋」が加わった理由

第1章　初代・重次郎の「不屈のDNA」　52
間一髪で被爆死を免れた重次郎／長男は命拾いするも、次男は……／十二人きょうだいの末っ子／対馬で漁師の修業をするも……／大阪の鍛冶屋で丁稚奉公／神戸から呉へ／仕事ぶりを見込まれて「婿養子」に／起業に失敗、婿養子も解消／「三笠」修理中に東郷平八郎と邂逅

第2章　ロシアの砲弾と今太閤　79
ポンプの特許で一儲け／好事魔多し！　会社乗っ取りの策謀／49日間にも及んだ勾留／日本海軍、そしてロシア軍の仕事も受注／急ピッチの工場拡大で「今太閤」と呼ばれるように／重役陣と対立し会社を離れる／自分で創った会社をまたも離れる

第3章　2代目の反骨　108
「役所の介入」に苦しめられる／「株主になってからものを言え！」／ロータリーエンジン開発の「決起集会」／日本で成功したドイツ人経営者との縁／池田勇人の気遣い／祖父母に育てられて／「不登校」を理由に、長崎から大阪へ転居／勉強よりも野球に夢中／親のスネかじり生活／片足を切断／兄弟二人で商売を始める／重次郎、恒次の結婚に大激怒

第4章　東洋コルク工業発足　139
矢継ぎ早に新手を繰り出す／ケガの功名で生まれた新製品／急激に伸び始めた売上／個人資産はすってんてんに／危機を救ったアメリカ帰りの起業家／東洋コルク「真の救世主」野口遵／万策尽きて、南米移住を考える／裸一貫で出直す／長男・恒次も入社／海軍の指定工場に／削岩機のトップメーカーに

第5章　バイク、バタンコ、四輪車　166
GM、フォードが組立工場を建設／オートバイをエンジンから開発／「自動自転車競走」で見事優勝！／三輪車もエンジンから開発／府中村に新工場を建設／商標MAZDAの登場／鹿児島から東京までの販売促進キャラバン／成功した便乗宣伝／しぶしぶ武器製造を受け入れる／意に反して進む「軍需工場化」／重次郎、運良く命を拾う／終戦後、労働争議に見舞われる／恒次、会社を去る／ボールペン製造で成功／恒次の復帰と社長就任

第6章　ロータリーの光と影　205

「国民車構想」という爆弾／「東洋工業のエース」山本健一／松田家の世代交代で会社に波紋／3代目・耕平の生い立ち／アメリカの工場で武者修行／恒次の死、耕平の社長就任／鹿島元社長の回想／大阪の土地売却を巡る逸話／不況になってもブレーキを踏まず……／決算に表れた「水膨れ体質」／耕平、「進駐軍」の住銀によって解任／住銀主導でフォード傘下に

第7章　もうひとつの創業　240

親会社を持たない唯一の球団／「カープ・アカデミー」誕生秘話／マツダスタジアムの誕生で大人気球団に変貌／家業を受け入れた重次郎の曾孫／次男・宗彌の系譜／会社消滅の危機から復活／仲良しだった兄弟／広島の新名所「おりづるタワー」

あとがき　264

主要参考文献　269

序章　なぜ広島「東洋」カープなのか

「マツダは100年前にコルクの製造で創業し、その後、自動車の製造の道に進みました」

2020年1月30日、会社創立100周年の記念式典。社長の丸本明（1957年生まれ）の挨拶はこんな一節から始まった。

初代の海塚新八（1872〜1921年）から数えて16代目の社長である丸本は、それに続けて、現在では130を超える国・地域でマツダ車が愛用されていることに触れ、ユーザーはじめ、販売会社や部品メーカー、地域の人々からの支えがあったからこそ、この日を迎えることができたのだと、感謝の意を伝えた。そして、ユーザーに愛着を持ってもらえるような「独自性あふれる商品・技術・顧客体験の創造に、今後も挑戦し続けてまいります」と締め括った。

字数にして約340字という短いコメントである。「独自性」「技術の創造」「挑戦」など事実上の創業者である松田重次郎やその長男である恒次が好んで唱えた言葉が並んではいたものの、この挨拶文に創業一族への言及は一切なかった。

ただ、歴代の経営陣が創業家を蔑ろにしているわけでは決してない。一方で、創業家が現在の経営陣に不満を抱いている様子もない。

重次郎の曾孫にあたるカープ球団オーナー（株式会社広島東洋カープ代表取締役社長）の松田元は1977年から5年間、当時の東洋工業（現マツダ）に在籍した。入社したその年の12月末に父の耕平が業績悪化の責任を問われて社長を辞任するなど、メーンバンクの住友銀行（現・三井住友銀行）などから松田家に対する風当たりが特に厳しかったころであり、創業家の嫡男だった元にとって不愉快な出来事が少なくなかったことは想像に難くない。

しかし、不本意に違いなかった東洋工業時代の自身について問われると、元はよくこんなことを話す。

「最初は経理、次に部品販売、その次は米州課で生産手配の仕事をしたなあ」

「あの5年間で培ったビジネス感覚がその後に携わった球団経営の底流にある」

当時を決してネガティブには捉えていないのだ。

父・耕平、母・勢津子（旧姓筒井）の長男として、元が誕生したのは1951年（昭和26年）2月11日。日本はまだ連合国軍総司令部（GHQ）の占領統治下にあり、この年9月に調印されたサンフランシスコ講和条約が発効した翌年4月にようやく独立を回復した。

戦後広島の希望だったマツダとカープ

言うまでもなく、広島の戦後は過酷な状況で始まった。

1945年8月6日、マリアナ諸島テニアン島から飛び立った米軍機B－29「エノラ・ゲイ」が投下した原子爆弾によって広島市では約7万人が即死し、その年だけで約14万人の命が失われた。

爆心地の周囲1・5キロ以内の家屋は全壊した。当時の広島市長、粟屋仙吉（1893～1945年）は爆心地から1・2キロ南方の市内水主町《かこまち》（現在の広島市中区加古町）にあった市長公舎で絶命。1944年2月に約34万3千人だった広島市の人口は、被爆から

3カ月後の1945年11月には約13万7千人と6割強も減少してしまった。

原爆投下から2日後（1945年8月8日付）の米紙ワシントン・ポストは、マンハッタン計画（原爆開発計画）に参画していた米コロンビア大学教授のハロルド・ジェイコブソンが「今後70年間は、草木は勿論一切の生物は生息不可能である」と語ったと報じている。この「70年不毛説」（「75年」という説もあった）は、2〜3カ月後には焼け跡に雑草が芽を出したことで早々に「誤報」であることが証明されたが、命からがら生き延びた人々も、家や職場、学校が焼け、市民生活は失われたままだった。

終戦から5年後の1950年当時でも、広島駅前には物価統制の目を掻い潜ったヤミ市が広がり、映画「仁義なき戦い」で描かれたようなヤクザ同士の縄張り争いや抗争が繰り返された。また、市内中心部を流れる旧太田川（本川）沿いにはピーク時約1000戸に上ったといわれるバラック建て住宅の集落（通称「原爆スラム」）があり、原爆や戦争で行き場を失った人々がひっそり暮らしていた。国有地を不法占拠した状態だったが、行政は事情を考慮して黙認し、1970年代末まで約30年間「原爆スラム」は存続した。

そんな戦後の広島で、人々に復興への希望をいち早く与えたのは、敗戦から1カ月後に三輪トラックの生産再開に動き始めた東洋工業であり、1950年のプロ野球の2リーグ分裂に伴う球団拡張（エクスパンション）で発足したカープ球団だった。

工員食堂の2階が「NHKスタジオ」になるカオス

東洋工業は、当時広島に本拠を置いた主要企業の中で原爆の被害が比較的軽微だった。「エノラ・ゲイ」が投下した原子爆弾「リトルボーイ」（TNT火薬換算で16キロトン級）は広島市中心部の細工町（現在の中区大手町）にあった島病院（現在の島内科医院）の上空約600メートルで炸裂。強烈な爆風は約5・3キロ離れた府中町の東洋工業本社工場も襲ったが、「小高い丘が盾となって本社屋は壊滅的な被害を免れた」（マツダ公式ブログ「マツダ百年史」）。「小高い丘」というのは、爆心地から東南東約1・8キロの場所にある比治山（標高71メートル）のことだ。

それでも、工場は一部の屋根が吹き上げられ、ほとんどの窓ガラスが破損した。機械設備は無傷だったものの、当日早朝から市内鶴見町（現在は中区、爆心地から約2キロ）の民家取り壊し作業に赴いた「東洋工業職域義勇隊」の従業員約200人のうち、73人が即死、残りの約130人も重傷を負った。

『松田恒次追想録』によると、創業者で当時社長の松田重次郎は市内西蟹屋町（現在は南区）を自動車で走行中だったが、爆心地から距離があり、難を逃れた。専務だった恒次も広島県高田郡白木町（現在の広島市安佐北区）の疎開先に滞在していて無事だったが、次男で当時マツダモータース社長の宗彌《そうや》（1897～1945年）は爆心地から至近の塚本町（現在の中区堺町、土橋町付近）の事務所で被爆し、48歳の若さで亡くなった。『東洋工業五十年史　沿革編』には、原爆による同社の死者は先に触れた職域義勇隊の参加者を含め計119人、負傷者335人と記されている。

施設の被害は軽微だったが、被爆直後、東洋工業は一切の生産活動停止を余儀なくされた。理由は自社の事情や都合ではない。市中心部の官庁・企業が建物、人員とも壊滅状態となったため、業務機能を維持したまま残った唯一の大企業として、地域の救済に全社を挙げて取り組んだからだ。

本社に隣接する東洋工業附属病院（マツダ病院の前身）には大勢の市民が押し寄せた。「空襲を受けた広島市民が一番広い道を東へ向かって避難する時、最初に見いだす医療機関がこの病院だった」と当時同社労務課教育係主任だった中尾一真は回想録で振り返っている。東洋工業は食堂や寄宿舎なども開放し、医薬品をはじめ機械油や布類などの資材も放出した。

また、広島県庁や裁判所など庁舎を失った官公庁や司法機関などから建物貸与の申し入れがあり、同社は代替事務所を提供した。このため、府中町の本社周辺は一時期「広島の官庁ビジネス街」の様相を呈した。

例えば、日本放送協会（ＮＨＫ）。爆心地から1・8キロの上流川町（現在の中区幟町）にあった広島中央放送局は本館が鉄筋コンクリート2階建て、さらに空襲などに備えて周囲に高さ3・5メートル、厚さ0・5メートルの外側板囲いの土塀が築かれていた。この重厚な造りのおかげで被爆による倒壊は免れたが、爆風で窓ガラスがすべて飛散し、本館や木造の別館にいた職員ら34人が即死。同局は壊滅状態となった。

生き残った職員らは爆心地から北へ約9キロの安佐郡祇園町（現在の広島市安佐南区）にあった原放送所に三々五々避難した。翌7日には同放送所の予備スタジオを使い、放送を再開したが、市内中心部からあまりに遠い。

代替スタジオの設置が可能な建物を探したが、中心部一帯は焼け野原。ようやく行き着いたのが向洋《むかいなだ》地区（現在は南区）にあった東洋工業工員食堂の2階である。9月20日に借り受けて業務をスタートさせ、上流川町の局舎の復旧工事が完成する翌1946年秋まで、工員食堂2階からの放送が続いた。

中国新聞社の事情も似ている。当時、発行部数約38万部の広島県単独紙だった同社の本社は爆心地から約900メートル、現在の地名では中区胡町（当時の住所表記では上流川町）にあった。

原爆投下時、本社内で執務中または出勤途中だった社員100人余りが瞬時に絶命した。同社創業家の3代目で後に社長を務めた山本朗《あきら》（1919〜97年）の回想録によると、中国新聞社は被爆後、朝日、毎日、島根新聞（山陰中央新報の前身）に代行印刷を依頼する一方、戦況悪化に備えて輪転機1台を安芸郡温品村（現在の広島市東区）の牧場に疎開させており、9月3日から「温品版」の発行を開始した。さらに「本社の総務、業務、編集の一部は、松田重次郎社長の好意により（府中町の）東洋工業医務室を提供してもらい、8月25日に移っていた」としている。

ラジオ放送、新聞という当時の2大メディアをはじめ、県庁の一部や控訴院（現在の高等裁判所）、地裁、控訴院検事局（同高等検察庁）、地裁検事局（同地方検察庁）などが被爆数日後から翌年にかけ、府中町や向洋地区にあった東洋工業の施設内で仮住まいをしていた。マスコミや行政、司法の「戦後」はここから始まったのだ。

三輪車の生産を決意するも……

被爆後の混乱が収まらぬ中、東洋工業の経営陣は事業再興の道を模索していた。戦前戦中に不本意ながら手がけていた兵器製造から晴れて脱却できるが、その間膨張した従業員の問題がある。大量の整理・解雇は避けられないとしても、残った人員が食べていけるだけの仕事が必要になる。

藝備銀行（現在の広島銀行）の行員から重次郎の秘書としてスカウトされ、後に経理担当・総務担当の専務になった河村郷四（1902〜85年）の回想によると、終戦時に東洋工業は、雇用していた従業員が約7千人、学徒動員などで働いていた者が約3千人、合計約1万人の人員を抱えていた。

専務の松田恒次は、会社存続のため、かつての主力製品である三輪トラックの生産を再開する決意を誰よりも早く固めていた。

「広島の街の復旧は急務だが、物資の輸送が思うに任せない。一刻も早く工場再開のメドをつけ、三輪トラックの供給を始めなければ」

恒次の心は逸るが、資材・部材は手元になく、調達先のメーカーが生産を再開しているかどうかも現下の通信事情では確認しようがない。

いたずらに時間が過ぎて行くばかりの状況に矢も盾も堪らなくなった恒次は、終戦から1カ月後の9月15日、後に「枕崎台風」と名づけられた暴風雨の襲来予報が飛び交う中、購買課長（後に東洋工業常務）の鴉田峰雄を引き連れ、福岡県久留米市にあるブリヂストン（当時の社名は「日本タイヤ」）のタイヤ工場を訪ねる。

鴉田はこの時の状況を以下のように振り返っている。

「運悪く（久留米）駅についたら大暴風雨でした。工場は操業しておらず、街なかにあった同社の寮を事務所に流用しておられたので、そこへやっとたどりついて生産再開のためのタイヤ供給の約束をとりつけました」（『一隅を照らす』）

ブリヂストン創業者の石橋正二郎（1889〜1976年）はマツダの三輪トラックについて開発当初から相談を受け「丈夫な特殊タイヤ」を納入していたと回想している。そのブリヂストンからタイヤ供給の約束は取りつけたものの、先方の様子に恒次は落胆を隠せなかった。「相手（ブリヂストン）はまだ敗戦の虚脱感がぬけきらず、休業している状態であった」と後に語っている（『私の履歴書　松田恒次』）。

台風は17日に鹿児島県枕崎町（現在は枕崎市）に上陸する。広島への帰路、恒次と鴉田が乗った列車は引揚者や復員軍人で立錐の余地もないうえ、暴風雨で「一寸刻みに走っては止まりする状態」だった。

終戦1年前の8月に上り線が開通したばかりの関門トンネルは抜けたものの、山口県の下松駅でついに列車は運転を停止。このため、恒次はかねて親交のあった東洋鋼鈑下松工場長（後に社長）の横山金三郎に頼んで同社の寮に宿泊させてもらった。しかし、3泊しても山陽本線は復旧しない。結局、横山の好意で下松から東洋鋼鈑の船を出してもらい、なんとか広島に帰り着いた。

翌日、恒次が出社すると、商工省から呼び出し状が届いていた。産業機械課の旧知の官僚からだった。

「時局混乱を極め、先行きの見通しが立たないが、これは行かずばなるまい」

この年、恒次は50歳。左足に義足を継いだ身体での旅は難渋を極め、久留米往復の疲れも残っていたが、果断に上京を決意する。

とはいえ、枕崎台風の被害は深刻で山陽本線はまだ不通。そこで恒次は東洋鋼鈑の船を再び借り受けて海路で東進し、呉線の須波駅（広島県三原市）から列車に乗り換え、東京を目指した。

ところが、商工省産業機械課に顔を出して拍子抜けする。

「なんだい、達者だったかい」

くだんの官僚の口から出たのは、たったこの一言。

「ひとの安否を確かめるだけのことで、遠路交通事情の悪いさなかに呼び出したのかと、腹が立った」

恒次はさすがに感情を害したが、後々振り返れば、決して無駄足ではなかった。この時、東京で目の当たりにした光景が、恒次の心を大きく動かしたのだ。

部品の調達と根回しに四苦八苦

広島では当時、進駐してくる豪州兵に備えて「婦女子はみんな山へ避難させなければ」などと真剣に話し合っていた。ところが、同じように敗戦に打ちひしがれていると想像していた首都・東京の様子は、まったく目を疑うものばかりだった。

「銀座では、日本女性と進駐軍兵士が腕を組んで歩いているではないか。『これはちと様子が違うぞ』と、すぐ広島に帰った」

広島へ戻り、父・重次郎に生産再開を進言しようとしたが、自分ひとりの見方では間違う可能性もある。そこで、妹婿の村尾時之助（後に副社長、1903〜84年）と当時労務部長などを兼務していた取締役の河村を上京させ、さらに状況を分析することにした。その結果、3人揃って「ともかく車をつくろう」という結論に達した。

それからの動きが慌ただしい。まず、当局への根回しが必要だった。戦争末期、軍需中心となっていた東洋工業が民需産業に転換する「許可」を得なければならない。

終戦からわずか2カ月後である。昭和天皇が連合国軍最高司令官ダグラス・マッカーサー（1880〜1964年）を赤坂（当時の地名は榎坂町）の米国大使館に訪ねたのは9月27日、そのマッカーサーの下でGHQ総本部が設置されたのが10月2日、終戦処理に当たった東久邇宮稔彦内閣が総辞職し、後継の幣原喜重郎内閣が誕生したのが同9日だった。

河村の回想記（『広島経済人の昭和史Ⅰ』）によると、東京へ出張し、商工省やGHQを訪ねたのが10月6日だった。「三輪車1000台、削岩機1000台、自転車3万台をつくらせてほしい。それらの材料の配給を頼みたいと陳情して回ったわけです」。

相前後して、恒次は京都の日本電池（現在のジーエス・ユアサコーポレーション）をはじめ、鳥取・米子の日曹製鋼（現在の米子製鋼）、島根・安来の日立製作所（現在の日立金属）などを訪ね、必要な資材・部材の調達に奔走した。

各社の工場はブリヂストンと同じように休眠状態だったが、安来の日立の工場では珍しく煙が上がっていた。ただ、よく聞くと正規の事業ではなかった。「世のなかの軍需工場が（敗戦後は）おおむねナベ、カマをつくっていたように、ここ（安来工場）は刃物屋だから、包丁なんかをつくっては急場をしのいでいたようであった」と後に語っている。

タイヤのつかない「足なし車」

こうした苦労が実り、1945年12月、東洋工業は念願だった三輪トラックの生産再開に漕ぎ着け、翌年4月には月産100台を超えた。ただ、当初懸念した通り、最も苦労したのはタイヤの調達だった。GHQの厳重な貿易統制もあって需給が逼迫し、車体が完成してもタイヤのつかない「足なし車」「ゲタ履き車」などと呼ばれる状態で在庫が積み上がった。

納入を待ち切れない恒次は、ブリヂストンの久留米工場に従業員を出向かせ、買いつけたタイヤの現物をそれぞれ脇に抱えて列車に乗せ、広島に持ち帰らせたこともあった。だがそれも〝焼け石に水〟で、工場敷地内の空き地に数百台の「足なし車」が置かれていることも珍しくなかった。

見習工制度（技能者養成制度）の1期生として1928年に入社し、後に車両組立課長を務めた丸子延太郎は、タイヤの代わりに木枠の輪をホイールに履かせた「足なし車」が並んでいる光景を長く記憶していた。「現場の作業者は売り物にならない車を作って給料がもらえないのではないか、また車を作らないようになるのではないかと心配しておりました」と当時の工場内の雰囲気を振り返っている。

それでも復興需要で三輪トラックはよく売れ、1948年11月に生産再開当時の目標である月産500台に到達する。戦後の生産再開から丸3年が経とうとしていた。

経済は依然低迷していた。吉田茂内閣が石炭や鉄鋼など重点産業の傾斜生産を進めるため、1947年1月に復興金融金庫を設立。同金庫が資金捻出を目的に発行した債券を日銀が引き受けたことで起こった「復金インフレ」が国民を苦しめていた。

当時の米大統領ハリー・トルーマン（1884〜1972年）は日本のインフレ克服のため、1949年2月にデトロイト銀行頭取のジョセフ・ドッジ（1890〜1964年）をGHQ経済顧問として派遣する。ドッジが断行した緊縮財政や復興金融債の発行停止などにより、国内経済は一転してデフレとなり、企業倒産や失業が続出する、いわゆる

「ドッジ不況」に陥るのだが、翌年6月に火蓋を切った朝鮮戦争の特需で日本経済は急速に息を吹き返す。

正力松太郎、「2リーグ制」をひっさげて再登場

そのドッジが来日した1949年2月、戦後の広島で大きな存在感を発揮するプロ野球球団の胎動が始まる。きっかけは2月5日に開かれた社団法人日本野球連盟（日本野球機構の前身）の評議員会で、読売新聞社社主の正力松太郎（1885〜1969年）をコミッショナー兼名誉総裁に推挙することが決議されたことだった。

正力は戦時中大政翼賛会総務を務めていたことなどを理由に、戦後はA級戦犯に指名され、巣鴨プリズン（旧東京拘置所、東京・東池袋）に収監されていた。1947年9月の釈放から1年5カ月後となる日本野球連盟コミッショナー就任は、久しぶりの晴れ舞台となるはずだったが、GHQ民政局長コートニー・ホイットニー（1897〜1969年）や日本の法務庁（法務省の前身）から「追放令違反」などとクレームがつき、5月2日に正力は辞任を余儀なくされる。

ただ、わずか3カ月の短いコミッショナー在任中、正力は球界を揺るがす構想を発表

した。4月15日の記者会見で明らかにした「2リーグ制」移行である。

敗戦から5カ月後の1946年1月に日本野球連盟は活動を再開。4月からは8球団による公式戦がスタートした。戦前「職業野球の生みの親」として球界に君臨していた正力は、日本のプロ野球の発展を名目に米大リーグと同様の2リーグ化を打ち出すことで、敗戦で失った自身の求心力を取り戻そうと考えていた。

この時点の正力の構想では、まず現状の8球団に2球団を加えて、1リーグ・10球団とし、それから2年ほど時間を置いて2リーグ・12球団を目指すというものだった。2リーグ制へ即座の移行を主張しなかったのは、既存球団の反発が予想されたからだ。

戦後の混乱の中、見切り発車で再開したプロ野球だったが、娯楽に飢えていた国民の人気は予想以上に高まった。また、ベースボール発祥の地・アメリカからやって来たGHQ幹部には野球ファンが多く、陰に陽に日本野球連盟をバックアップしてくれた。

その甲斐あって、公式戦再開から4年目の1949年には全球団の黒字化が見込まれるようになっていたため、読売や中部日本新聞社（現在の中日新聞社）、田村駒（大陽ロビンスの親会社）などを中心に「せっかく8球団で利益が出始めたのに、なぜこれ以上増やすのか」と球団拡張に反対する声が強かった。

中でも強硬だったのが読売と中日である。というのも、正力は最初に新規加入させる2球団について、同業の毎日新聞社を最有力候補とする意向を示していた。毎日に白羽の矢を立てたのは、プロ野球人気をこれまで以上に国民の間に広げるには全国紙の影響力が不可欠との考えからだった。当時、読売はまだ東京中心の新聞であり、関西から九州までの西日本では朝日新聞社と毎日が販売・配達網を広げ、読者数を競っていた。

正力から同年春に新球団設立を持ちかけられた当時の毎日新聞社社長、本田親男（1899～1980年）は新たな読者層開拓に大きな効果が見込めるという販売部門からの後押しもあり、プロ野球進出を決断。これが毎日オリオンズ（現在の千葉ロッテマリーンズ）の誕生に結びつく。

戦後、A級戦犯や公職追放の対象となった正力はこの時期、読売の経営から退いており、会社の実権は正力退場後の1945年12月に社長に就任した馬場恒吾（1875～1956年）以下、編集局長などを兼務していた副社長の安田庄司（1895～1955年）ら「反正力派」が握っていた。

これに対し、正力は当時日本野球連盟副会長（後のセントラル・リーグ会長）の鈴木龍二（1896～1986年）をはじめ、戦前のプロ野球創立以来の腹心の部下を使い、新球団設立（事実上は毎日のプロ野球参入）実現に向けた多数派工作を展開。結局、正力は「古巣」の読売を懐柔できず、日本野球連盟は空中分解に追い込まれる。

1949年11月26日、代表者会議で連盟解体と2リーグ編成が決議され、さらに「毎日参入」賛成派が同日、太平洋野球連盟（後のパシフィック・リーグ）設立を宣言するに至る。一連の動きが「2リーグ制移行」でなく、「2リーグ分裂」としばしば表現されるのは、正力構想を巡る球界内部の激しい対立が背景にあったことを物語っている。

カープ誕生の背景にあった元中日球団代表の「野望」

さて、ここから広島でのプロ野球球団創設に話は移る。

「最も早くセ・リーグに加盟を申し込んできたのは広島であった」

当時正力の手足となって球界工作を行っていた鈴木龍二は回顧録にこう記している。

記録を辿ると、球団設立の受け皿となった「広島野球倶楽部」が日本野球連盟に加盟申請をしたのが同年9月28日、認可されたのは11月28日だが、この時すでに日本野球連盟は解散しており、加盟先はセントラル野球連盟となった。

カープ球団創設の功労者といえば、「広島野球倶楽部」の発起人代表で戦前は内務省警保局長（現在の警察庁長官）などを歴任した谷川昇（１８９６〜１９５５年）をはじめ、中国新聞社創業一族で当時社長の山本実一（１８９０〜１９５８年）、初代カープ球団代表（元中国新聞社東京支社通信部長）の河口豪（１９０４〜９７年）、初代監督の石本秀一（１８９７〜１９８２年）らの名が挙げられる。一方、「最初に広島での球団創設を思いついたのは、広島出身で元金鯱軍理事の山口勲さん」との説もある（１９９９年4月3日付中国新聞「カープ球団創設50年　われらカープ人」）。

金鯱軍というのは、名古屋新聞社（中日新聞社の前身の1つ）を経営母体に１９３６〜４０年の５シーズン存続したプロ野球球団「名古屋金鯱軍」のこと。金鯱軍は、日中戦争の泥沼化で戦地へ召集される選手が増えて各球団が人員不足に陥る中、１９４１年に翼軍と合併し「大洋軍」（後の大洋ホエールズとは無関係）となり、親会社の名古屋新聞社もその翌年に新愛知新聞社と合併し、中部日本新聞社と名前が変わった。

先の中国新聞の特集記事はこう続く。

「チーム数が増える。それならば広島につくれないか、と山口さんは考えた。しかし、連盟と関係が悪い自分は動けないと判断。そこで、『郷土に球団創設の機運をつくってほしい』と（谷川）昇さんに申し出たのである」

確かに、山口から谷川への働きかけが球団創設の流れを生んだといえる。

ただ、その伏線を作った人物がもう1人存在する。金鯱軍時代に同じ理事として山口と肩を並べていた赤嶺昌志（1896～1963年）である。

赤嶺は大分県で生まれ、明治大学法学部を卒業後、名古屋新聞社に入社。1936年に同社が「名古屋金鯱軍」を設立したのを機にプロ野球に関わり、一時は球団代表も務めたが、翼軍との合併を機に名古屋新聞社が球団経営から撤退すると、赤嶺はポストを失う。ただそこで、同じく記者出身で当時「朝日軍」（後の松竹ロビンス）の球団代表だった鈴木龍二（元国民新聞社記者）から、名古屋新聞社のライバルだった新愛知新聞社を親会社とする「名古屋軍」（中日ドラゴンズの前身）を紹介され、同球団の理事に就任する。

戦後、1946年にプロ野球が再開すると、赤嶺は「名古屋軍」の流れを汲む「中部日本」（後の中日ドラゴンズ）の球団代表の座につくが、翌1947年のシーズンオフに監督人事を巡って事実上の親会社だった中部日本新聞社（球団には当時の社主である大島一郎が個人出資）と対立し、解任されてしまう。

この時、赤嶺を慕う加藤正二（1914～58年）や小鶴誠（1922～2003年）、金山次郎（1922～84年）、三村勲（1924～2010年）、野口正明（1925～2004

年）といった主力選手12人が一斉に退団。赤嶺は行き場を失った彼らのために、当時球界進出を画策していた映画会社「大映」の社長である永田雅一（1906～85年）に新球団結成を持ちかけた。

赤嶺の提案を快諾した永田は大映野球株式会社を設立するが、この新会社は日本野球連盟への加盟が叶わなかったため、加藤や小鶴らは、1948年のシーズンは大映が東京急行電鉄（現在の東急）との共同出資で設立した「急映フライヤーズ」でプレーした。

大映は急映フライヤーズへの出資を1年で引き揚げ、1948年12月に「金星スターズ」を買収し、「大映スターズ」に改称。永田は念願のプロ野球単独進出を果たした。急映球団設立を巡る東急への橋渡しや旧国民リーグ（戦後、日本野球連盟とは別に存在したプロ野球リーグ）の流れを汲む金星球団の買収に際し、球界事情に詳しい赤嶺が果たした役割は大きかったが、永田は赤嶺が望んだ球団代表のポストを与えなかった。

失意の赤嶺はちょうどその頃、懇意の鈴木龍二から正力が主導する球団拡張や2リーグ構想など球界の動きを聞く。永田に見切りをつけた赤嶺は、球界にアンテナを張り巡らせ、行動を共にする選手と自分をセットで引き受けてくれる球団を探していた。「名古屋金鯱軍」時代の同僚だった山口に広島での球団創設を持ちかけたのも、こうした思惑の一環だった。

実際、セ・パ両リーグに分裂した1950年のシーズン、小鶴や金山ら「赤嶺軍団」の選手はセ・リーグの「松竹ロビンス」に籍を置いたが、赤嶺はそれに飽き足らず、2年後の1952年のシーズンオフから1953年の年明けにかけ、小鶴と金山、三村の好打者3選手の「広島カープ」へのトレードを画策する。

「このときは、赤嶺君の狙いは、選手を送り込み、自分も代表になる、ということであった」と当時セ・リーグ会長だった鈴木は回顧録に記している。

この時、カープ側から「代表のことはお断りだが、小鶴らのトレードはご破算にしたくない」と相談を受けた鈴木は赤嶺を呼び「この野心をやめさせた」という。中部日本からの12人一斉退団に始まり、5年にわたって球界を揺るがした〝赤嶺旋風〟はこれを最後に収束する。

貧乏すぎて、二軍選手は全員解雇

赤嶺は毀誉褒貶の激しい球界人だったが、カープの生みの親の1人であることは紛れもない事実である。「広島にプロ野球球団を」という流れは、前述のように赤嶺個人の

「野望」から発したものだったかもしれないが、それでも、新球団としてセ・リーグへの申請第1号という素早さで加盟を勝ち取れたのは、赤嶺から山口、そして谷川へ流れた情報の早さと正確さの賜物といえる。

2リーグ分裂の年に球界に参入した「広島カープ」は初年度の1950年のシーズンは41勝96敗1分け、勝率2割9分9厘で最下位（8位）に終わる。勝率3割に届かない戦績もさることながら、より深刻だったのは球団経営だった。

親会社を持たない市民球団であり、経営主体として設立予定の株式会社広島野球倶楽部の資本金2500万円（1株50円、発行数50万株）は広島県・市をはじめとする県下の自治体からの出資金で大半を賄うことになっていた。

ところが、各自治体の年度予算に組み込まれてはいても、執行の時期はまちまちで、財源の都合で資金拠出が数カ月遅れになることも珍しくなかった。例えば、広島野球倶楽部の出資期限は4月20日だったが、その時点で払い込まれたのは13万株、金額にして650万円に過ぎなかった。

財務の問題だけではない。広島野球倶楽部の社長は、県議会副議長だった檜山袖四郎（1899～1979年）が兼務していた。株主はお役所、経営者は政治家では、会社の運営がスムーズに行くはずもない。

5月には選手への給与の遅配が始まり、6月25日にはセントラル野球連盟から「月末までに加盟金及び分担金300万円を支払わないときは加盟権を取り消す」との通達が届いた。自治体からの出資金払い込みにメドがつき、ようやく広島野球倶楽部の創立総会が開かれたのは9月3日、登記の完了が同15日である。

だが、その後も球団の資金繰りは一向に好転しなかった。セ・リーグへの加盟金・分担金については100万円を払い込んだだけで、それ以上は連盟側も打つ手がなく、やがてうやむやになったが、選手への給与の支払いはそんなわけにはいかない。9月には資金が底をつき、二軍選手の全員解雇を余儀なくされる。

一時は大洋との合併構想も

球団創立2年目となる1951年の年明け早々、セ・リーグでは福岡市に本拠を置いていた「西日本パイレーツ」がパ・リーグの「西鉄クリッパース」と合併。新球団「西鉄ライオンズ」はパ・リーグに加盟することが決まった。加盟球団が1つ減って7球団となり、試合日程が組みづらくなると考えたセ・リーグ会長の鈴木は、当時山口県下関市をフランチャイズとしていた「大洋ホエールズ」とカープを合併させようと画策を始める。

3月初め、鈴木が広島野球倶楽部社長の檜山を呼びつけ「プロ野球はカネが無いものがやるものではない」と切り出し、大洋球団との合併を迫った。合併後の新球団は下関市を本拠地にし、カープは解散するという筋書きだった。

檜山以下、当時の球団幹部は、一度は合併・解散を承諾するが、広島に戻ると、当然のことながら地元ファンが強く反発する。鈴木の合併案を受諾するはずだった重役会は、初代監督の石本が提案した「後援会」組織化による資金集めに活路を見出すことに方針を変更し、合併撤回を鈴木に通告することになった。

石本の提案した「後援会」の結成式は1951年7月29日、対「国鉄スワローズ」戦の試合前に行われた。年会費200円で県民から広く浅く支援金を集める考えだったが、提案から4カ月余りのこの日までに集まった会員は1万3141人、会費にその他の寄付を加えた支援金総額は271万5784円に達し、さらに年末までに440万2930円に積み上がった。

その後「後援会」会員は3万6千人にまで増え、年間720万円の収入をもたらした。

さらに、世間をアッと言わせたのが「トレードマネー募金」である。1953年の開幕前、前述した〝赤嶺旋風〟の一環で松竹ロビンスから小鶴、金山、三村の3選手を獲得する際に移籍金1千万円が必要とされた。

カープの台所事情ではとても賄えない大金だったが、「2万人の会員が500円ずつ出せばよい」と石本と後援会が募金集めを提案したところ、募金活動は大いに盛り上がり、めでたく3選手を獲得できた。集まった金額は4月末までに1千万円を超えた。

初代監督・石本をめぐるウワサ

だが、こうした手法は必ずしも経営の安定化には結びつかなかった。後援会の資金力の増大とともに創設発案者である石本の発言力が増し、決して彼の本意ではなかったが、球団の資金繰りに深く関与し、実質的な経営トップの役割を負わされるようになっていく。

一方、後援会の一部の役員が球団経営や監督采配などに口を出すようになり、石本との対立が先鋭化する。石本の出身校である県立広島商業高とライバル校の私立広陵高の出身者との「学閥争い」が背景にあるともいわれた。

石本が最も腹に据えかねたのは1952年に起きたエース投手、長谷川良平（1930〜2006年）を巡るトレード騒動でのことだった。

「名古屋ドラゴンズ」が地元出身（愛知県半田市生まれ）の長谷川の獲得を目論んだものの、話はまとまらなかった。ところが、当時「移籍金50万円をカープに支払えばトレードを認める」との条件が提示され、石本がその50万円を受け取ったとのウワサが流されたのである。

ウワサを真に受けた後援会は鬼の首を取ったように石本批判をエスカレートさせた。やむなく石本は1953年5月に監督の座を広陵高出身の白石勝巳（1918〜2000年）に譲り、以後は総監督兼常務取締役として球団経営に携わることになったが、それでも後援会の批判は止まない。

堪忍袋の緒が切れた石本は同年8月8日、「50万円受領説」を再三流していた後援会幹部を告訴するとともに、当時のコミッショナー、福井盛太（1885〜1965年）に真相究明を依頼。元検事総長（在任1946〜50年）の福井は8月20日、名古屋球団からそのようなお金が出た形跡がないと調査結果を公表した。潔白は証明されたものの、石本は8月末に辞表を提出。球団は草創期の功労者を守れず、感情的なしこりも残った。

球団経営はその後も安定を欠き、1955年末には負債が約5600万円にまで膨らんだ（『VI記念　広島東洋カープ球団史』）。石本辞任騒動が象徴するように、支援金頼みの経営が続いた結果、後援会幹部の発言力が抑え切れないほど強くなり、球団運営に歪みが生じるようになっていた。球団発足から5年。一連の問題解決のため「株式会社広島野球倶楽部」を清算・解散し、地元経済界の出資による新会社で再出発することが決まった。

財界主導で新会社「広島カープ」誕生

1956年1月、新会社である「株式会社広島カープ」が発足する。出資したのは県内主要企業13社。中心となったのは「二葉会」と呼ばれた広島財界有力者の親睦組織であり、主導的役割を果たしたリーダーの1人が当時の東洋工業社長、松田恒次だった。

大阪市立工業学校（現在の大阪市立都島工業高校）時代から、恒次は大の野球好きだったが、1949年9月以降広島で新球団立ち上げの動きが本格化した当時、恒次は東洋工業の経営から一時的に身を引いていて、カープ球団設立に関与できなかった。

恒次は1950年7月、3年ぶりに取締役として東洋工業に復帰し、2カ月後の9月には専務取締役、さらに翌1951年12月には父・重次郎に代わって社長に就任する。

戦後、恒次が先頭に立っていち早く生産を再開した三輪トラックは急ピッチで売り上げを伸ばし、昭和30年代を迎える頃には四輪トラックや乗用車への進出をうかがっていた。

「私が、東洋工業の社長室に松田さんを初めてお訪ねしたのは、昭和25年の初夏のころであった」と鈴木龍二は恒次の追想録に「思い出の記」を寄せている。おそらく、恒次が取締役に復帰した直後のことと思われるが、訪問の理由は鈴木自身の回顧録の方に詳しく述べられている。きっかけは、発足早々から台所が火の車だったカープ球団が苦肉の策で始めた「樽募金」だった。

「広島は当初市内の中心街からは離れた観音球場（現在の広島県総合グランド野球場）で試合をしていた。その球場の入口に四斗樽（1斗は約18リットル）を置いて、ファンの喜捨を募っている。球団の苦労は分かるにしても、プロ野球としてあまりにみっともない。そこで河口（豪）代表の紹介で、初めて東洋工業の故・松田恒次社長に会った」

鈴木によると、カープへの援助を要請したところ、恒次は「よろしい援助しましょう」と快諾したが、その際に条件をつけた。

「但し広島市民として援助する。絶対に名前を出してもらっては困る」

カープは戦後の広島にとって、復興への希望の象徴であり、広島県民のもの、市民のもの、ということを恒次は強く意識していた。一経営者、一企業が専有することは決して受け入れられないということだった。

結局「広島が強くなるためには二軍の養成が必要だ。一軍ではなく二軍の養成費を出しましょう」という方向に話が進んだ。

草創期のカープ二軍は一軍以上に待遇が劣悪で、球団発足まもない1950年6月には経費節減策として二軍の活動は事実上休止され、前述のように9月には解散に追い込まれている。

カープ二軍が活動を再開するのは1953年。翌1954年からは当時のセ・リーグ6球団のファーム（下部組織）が集まって組織した独立リーグ「新日本リーグ」に「広島グリーンズ」として参加することになった。

広島県呉市の二河野球場を本拠地とする、このグリーンズ（1956～58年は「広島カープグリナーズ」に名称変更）の活動・育成費を東洋工業が拠出していた。金額は年間300万円。草創期の球団代表を務めた河口豪は「実のところこの300万円が苦しいカープにとっては干天に慈雨で、全体の選手給与のやり繰りに利用されたものである。いま一軍に名をなす何人かはこの給与のおかげといってよい」と吐露している（『カープ風雪十一年』）。

恒次は折に触れ「私はプロ野球選手を理性と教養と常識を備えた〝人間〟として立派な選手に育てたい」と力説していた。要するに「人を育てる」ことを常に球団経営の根幹に置いていたのだ。恒次がファームの援助に乗り出して以降、二軍で人間教育をみっちり行うのがカープの伝統になった。

新会社として再出発した1956年以降、地元経済界は積極的にカープを支援するようになる。新会社2年目のスタートになる1957年1月には、旧来の観音球場に代わる夜間照明付き新球場の建設費用として1億6千万円を経済界が広島市に寄付。それを受け、2月に着工した「広島市民球場」が7月に完成した。翌年の内野スタンド増設工事分も含め、新球場の整備費用総額2億6500万円のうち、9割超の2億5千万円を「二葉会」はじめ地元企業が拠出したことになる。

この間、球団と経済界の橋渡し役になったのは恒次と広島電鉄社長だった伊藤信之（1898〜1984年）である。伊藤は、広島野球倶楽部創立準備委員会の理事長を務めるなど球団創設に深く関わり、「株式会社広島カープ」では、伊藤が社長、恒次が取締役を務めていた。

財界肝煎りの新会社に対する期待は大きく、ナイター設備の整った広島市民球場の完成後、観客増の恩恵も少なからずあった。しかし、業績が劇的に好転することはなかった。やはり複数企業の共同出資で寄り合い所帯の球団経営では限界があった。

「東洋」が加わった理由

「昭和37年（1962年）の暮れ、私は上京中に電話で『（球団の）社長を引き受けろ』と交渉を受けた」と恒次は自伝に記している。

東洋工業は1958年にキャブオーバートラック「ロンパー」で四輪車市場に本格進出し、1960年には初の乗用車「R360クーペ」を発売。国内のモータリゼーションの波に乗りつつあった。一方、路面電車やバスを主力とする広島電鉄の業績は自家用車の普及に伴い、下り坂となるのは不可避と見られていた。

ただ、ファームの支援を決めた時のように、球団を私有すると見られることは絶対に避けたい。伊藤との社長交代は受け入れても、東洋工業単独の支援には踏み切れなかった。

当時の複雑な心境を恒次はこう振り返っている。

「とにかくカープは残さなければ……との一念から私は（球団社長就任を）受諾した。同時に引き受ける以上、責任を持ってやり抜こうと決意した。むろん、私としては、球団を私しようなどとは毛頭考えていない。私は広島市民の球団であるカープに、限りない誇りを持っているし、これだけ郷土ファンの心の底に深く根を張った球団を、枯らしてしまうことはなんとしてもできない」

１９６2年11月、恒次は「株式会社広島カープ」の社長に就任した。

しかし、その後もカープは低迷が続く。１９６３～６７年の5シーズン、カープは相変わらずBクラスに沈んだままで、とりわけ１９６７年は首位から37ゲーム、5位からでさえ11ゲームも引き離されての最下位だった。責任を重く感じた恒次は社長辞任の意思を固めるが、球団の全役員を含む地元関係者から強く慰留されて思い直し、逆に最後の手段として、東洋工業単独支援の体制に移管することを決意する。

恒次は社長に留任し、１９６７年11月に社名を「株式会社広島東洋カープ」に改めた。球団経営の全責任を自ら負うことを明示したのだ。恒次はそれでも社名に「東洋」を入れることに抵抗があったが、球団への支援金を広告・宣伝費として税務処理するために必要と指摘され、やむなく応じた。

それから半世紀余りが経過した。社名（球団名）は当時から変わっていない。東洋工業は１９８４年に「マツダ」に社名変更し、すでに40年近くになる。若いファンの中にはなぜ「東洋」という文字が球団名に入っているのか、知らない層も少なくない。

マツダは現在も広島東洋カープの大株主（保有株数２万２６００株、発行済み株式に占める保有率は推計34・２％）だが、有価証券報告書では「全体として連結財務諸表に重要な影響を及ぼしていない」ため持分法適用対象会社とはしていない。カープとマツダを結びつけるものは、２００９年に完成した新・広島市民球場のネーミング・ライツ（命名権）をマツダが取得している以外は、創業一族の松田家の存在しかない。

第1章　初代・重次郎の「不屈のＤＮＡ」

２０１８年春のこと、広島東洋カープ社長兼オーナーの松田元は、長年通った「吉田理容店」の閉店を知り、落胆した。

「寄る年波で手が震えてのお」

馴染みの店主から仕事が続けられなくなった理由をこう明かされた。実際、松田もヒゲ剃りの際に耳をチクリと切られたことが何度かあった。

「そんなんやからお客さんが少なくなってね。でもなあ、他の店に行く気はせんやったからね」

実は、その理容店は松田家とは深い縁があった。

間一髪で被爆死を免れた重次郎

１９４５年（昭和20年）８月６日、広島に原爆が落とされた日、元の曾祖父・重次郎は午前7時半、自宅へ迎えに来た米クライスラー社製の高級車「デソート」に乗り込んだ。

運転手の水野敏正は顔を合わせると「おめでとうございます」と声をかけた。奇しくもこの日は重次郎の70歳の誕生日だった。平素は誕生日には出勤せず、休む習慣だったが、中国地方総監府（＊１）の会議への出席を求められたため、出勤することになっていたのだ。

重次郎は中国地方総監府の初代総監、大塚惟精《いせい》（１８８４～１９４５年）の官舎として爆心地に近い上流川町の自宅を提供していた。この日、大塚はこの官舎前で登庁用の車を待っている時に被爆し、建物の梁の下敷きになって焼死した。官舎として提供していなければ、下敷きになっていたのは重次郎かもしれなかった。

その上流川町の自宅を明け渡し、移り住んだ広島市牛田町（現在の広島市東区）の自宅（＊２）を出た重次郎の車はまず、市中心部の大手町にある吉田理容店に向かった。

真夏の青空が広がる快晴の朝だった。

店に着くと、もう１人別の客が入ってきたが、一足違いで重次郎が先に座り、待つことなく、短時間で整髪を終えた。重次郎が店を出たのは8時前後とみられる。

米軍機「エノラ・ゲイ」が広島市中心部を流れる太田川に架かる相生橋を目標に原子爆弾「リトルボーイ」を投下したのは8時15分。理容店は爆心地から数百メートルの至近距離にあり、遅れて入った客は即死したと後に重次郎は聞いた。

理容店を出た重次郎はその後、誕生日の習慣として西練兵場の西端（旧広島市民球場周辺）にあった護国神社へ参拝した。そこから安芸郡府中町の東洋工業本社へ向かう途中、旧国鉄宇品線の西蟹屋町の踏み切りに差し掛かったあたりで原爆の閃光を浴びた。

西蟹屋町は現在のカープの本拠地「マツダスタジアム」周辺の地名である。運転手の水野の話では、パアッと目の前が真っ暗になり、次に写真撮影用のマグネシウムを焚いた時のような閃光が走った。「デソート」の扉が一斉に開き、車のフロント部分はパーンと音を立て凹んだ。

「社長さあん！」という水野の叫び声とともに、重次郎は爆風で開いたドアから這い出し、近くにあった鉄管に身を隠した。水野も川に避難し、共に無事だった。


長男は命拾いするも、次男は……

重次郎の長男・恒次も命拾いをした。

前日5日の日曜日、恒次はたまたまトラックの都合がついたので、かねて疎開用に借りていた高田郡白木町志和口の農家に身の回りの道具を運び込んだばかりだった。妻・静代と長女の幸はひと足早く、家財道具共々、双三郡吉舎町（現在の広島県三次市）へ疎開させていた。

ただ、吉舎町は広島の中心部から約80キロも離れ、当時の列車では片道4時間を要した。とても通勤は無理で、自分用にもう少し近い場所を探していたところ、この農家が見つかった。休日明けのその日は「荷物の整理や引っ越し疲れなどで、ズボラした」。ズル休みを決め込んだのが幸いしたのだ。

朝方、ピカッと光ったかと思ったら、続いてダダアーンと大きな音がし、真っ黒な煙が上がった。志和口は爆心地から北へ約30キロ。恒次は「近くの上根に海軍の飛行場ができたので、飛行機の衝突かなともうわさし合っていた」と振り返っている。

異変に気づいたのは昼過ぎだった。列車で志和口駅に帰ってくる人たちが皆、手足に包帯を巻いて痛々しい姿をしている。尋ねると「広島駅が大変だ」という。

府中町の本社工場はどうなっているか、父は無事だろうか――。

不安が次第に高じていったが、通信は遮断され、確かめようがない。とりあえず、広島方面行きの列車が出るという。どこまで行けるか不明だったが、ともかく飛び乗り、広島の手前の矢賀駅までたどり着くと、あと残り約3キロの道を徒歩で府中町に向かった。

本社工場に着いたのは午後4時頃。幸い、工場に居た従業員や設備は無事だったものの、後に職域義勇隊の73人が犠牲になったと聞いた。また、隣接する東洋工業附属病院には負傷した市民が助けを求めて大勢押し寄せていた。7日になると負傷者が次々に亡くなり、それらの遺体の火葬を恒次が指揮しなければならなかった。

松田家では唯一、次男の宗彌が被爆死した。8月15日の終戦の詔勅を聞いた重次郎は暫し茫然としていたが、故郷の復興への責務を感じてどうにか気を取り直し、立ち上がろうと心を決めた。

「ずっと考えていた自動車をやろう。ただ、当面はバタンコ（三輪トラックの俗称）だ」

十二人きょうだいの末っ子

松田重次郎は1875年（明治8年）8月6日、広島県安芸郡仁保島字向洋浦（現在の広島市南区向洋）で生まれた。

当時の向洋は貧しい漁村で、父・和吉は瀬戸内海や遠く対馬近辺で獲れるイカの仕入れ・加工で大勢の家族を養っていた。

和吉は12番目の末っ子として生まれた男の子に「十二郎」と名づけるつもりだったが、出生届を受け付けた役場の担当者が「じゅうじろう」と聞いてうっかり「重次郎」と戸籍簿に記入し、これが名前になってしまった。

11人の兄姉のうち、重次郎が生まれた頃には4人がすでに亡くなっていた。重次郎は後年「私が顔を覚えているのは松之助、テル、直松、ヤエ、松助、笹一、梅次郎の7人」と語っている。

父・和吉は重次郎が3歳の時にコレラで世を去る。貧しかった家庭は大黒柱を失い一段と困窮するが、絣の織物が得意だった母・リヨや漁師だった長兄・松之助の働きでなんとか家計は支えられた。

リヨは気丈で厳格な一方、思いやりの深い、心細やかな人だったと重次郎は自伝に記している。貧乏なくせに、ご馳走するのが大好きで、得意料理はコノシロ（＊3）とこんにゃくに味噌を混ぜ合わせたさつま汁。これを作って近所の人々をよく家に招いていた。

幼少時、リヨは微笑しながらよく「おまえが生まれた時、ちょうど夜が明けたんよ」と語りかけた。それを聞いた重次郎は「ちいさな胸のなかに自分の前途を祝福されているように感じていた」という。

向洋一帯は海岸まで山が迫り、農耕に適した平地が狭かったこともあり、当時の村民のほとんどが漁業で生計を立てていた。ただし、漁は近海ではなく、瀬戸内海も通過し、遠く壱岐・対馬あたりまで出向いてのイカ釣りが主体だった。

大男が乗るとユサユサ揺れるほどの小さな帆船で玄界灘の荒波を乗り切っていくのだ。当然のことながら、遭難者も多かった。重次郎は兄たちから、船を失い板子1枚で数日間海上を漂った親戚の話や、船で水が欠乏したため小便を飲もうとした等々、様々な冒険談を聞いた。

これらの話は恐ろしくもあったが「向洋の漁夫はいかなる困難にも屈しない」との自負心がいつの間にか根づいていった。「どんな仕事をするにも、いのちがけでやってゆけ、どんな苦しみにも負けてはならぬという性格が、知らず知らずのあいだに私に養われて来た」と自らの成長過程を綴っている。

対馬で漁師の修業をするも……

10歳を迎える頃、重次郎は早めに独立心を持たせようという母の命で、対馬・厳原《いづはら》でイカ釣り漁を営む長兄の松之助のところへ引き取られた。まず命じられたのは飯炊きや子守、薪の伐採などの下働き。やがて海に出て慣れてくれば、兄たちに倣って漁師にさせようという思惑だったようだ。

松田重次郎（マツダ提供）

ただ、重次郎は漁師として一人前になるには幼すぎた。イカ釣り船に乗せてもさっぱり役に立たないため兄たちに厄介払いされ、向洋出身の同郷で厳原を拠点に鮮魚販売業を営む知人に引き取られることになった。

その知人は「じょう平さん」といい、魚の搬送船の飯炊き係として重次郎を預かってくれた。じょう平さんは「大事な弟さんだから」と重次郎の健康を気遣い、買いつけたイカを運ぶ船で長崎や博多などにも連れていってくれた。ところが、対馬へ来て2年が過ぎようとしていた頃、じょう平さんが急逝し、重次郎は向洋へ戻ることになった。

故郷では、母が温かく迎えてくれた。ただ、家計は相変わらず苦しかった。この頃、厳原にいた松之助も亡くなる。対馬の小鹿に住んでいた直松、笹一、梅次郎の兄たちからたまに仕送りもあったが、2人の姉や戻ってきた自分を含め家族は多く、3円、5円(＊4)のカネはすぐに消えていった。

厳しい経済状況を、母は決してこどもたちに語らなかった。ただ黙々と夜も寝ずに機織りや裁縫の仕事に精を出すばかり。そんな母を見ながら「こうしてはいられない」と重次郎は自ずと感じ始めていた。

向洋には寺子屋のような学校があり、主に習字や算術、読本を教えていた。習字は墨を塗った板に、水で字を書いては雑巾で拭き消すという粗末な授業である。重次郎は学校があまり好きではなかった。「学問するよりも手に職をおぼえて、それできっと成功してやろう」と考えていた。

重次郎が当時、なにより好きだったのは鍛冶屋の見物だった。当時向洋には鍛冶屋が

2軒あり、鍬や鎌をつくっていた。ヒマさえあれば近所の作業場へ出かけて行き、職人が真っ赤に焼けた鉄をヤットコで引き出し、金床《かなとこ》の上でトンカン打つ様子を毎日のように見ていた。鞴《ふいご》の小さな窓がパッフパッフと音をさせるのが面白くてたまらず、見ていて少しも飽きなかった。

大阪の鍛冶屋で丁稚奉公

「働くなら鍛冶屋がいい」と心に決め、再び故郷を後にしたのは1888年（明治21年）。行き先は大阪を選んだ。その理由は、当時母を慕ってよく遊びに来ていた隣家の久保田綾という女性に感化されたからだ。綾は行儀見習いで大阪へ奉公に出ていたことがあり、都会の華々しさをしきりに重次郎に吹き込んだ。「こんな小さな村で男の仕事はできるもんやない」「わたしが男なら大阪へ出て帰りはせんよ」といった風である。

丁稚奉公の先は大阪・阿波座の「藤孫」という鍛冶屋に決まった。重次郎は13歳。宇品の港から漁船に乗せてもらい、大阪を目指した。綾さんや近所の人々も浜まで見送りに来てくれた。

「道に落ちているものでも拾ってはならない。真面目に地道に働きなさい」

別れに際し、母の口から出たのはこんな一言だった。重次郎は老境に達しても、この時の母の言葉を片時も忘れなかった。

当時の大阪には文明開化の波が一気に押し寄せていた。この年2月、鴻池財閥の鴻池善右衛門（1841〜1920年）や関西きっての起業家、松本重太郎（1844〜1913年）、藤田財閥の藤田伝三郎（1841〜1912年）らが中心となって電力会社「大阪電灯」を設立。翌年5月に西道頓堀に出力30キロワットの火力発電所が稼働し、なんばをはじめ日本橋、心斎橋など繁華街を明るく照らし始めた。

だが、電灯に照らされた大都会の大阪で立派な仕事をしたいという重次郎の思いはすぐに裏切られた。「藤孫」は向洋の鍛冶屋とさほど変わらない、ちっぽけな店で、仕事は竜吐水《りゅうどすい》（＊5）の金具をつくるだけだった。

親方の保井国太郎は当時四十がらみの痩せぎすで酒好きな職人肌。弟子思いで滅多に叱ることはなかった。重次郎が店の規模にも仕事にも失望しながらも、辛抱してとどまったのは、親方の人柄に負うところが大きかった。

それでも4年が限度だった。江戸期の職人と変わらない昔ながらの仕事が退屈になっただけでなく、博打好きの兄弟子のしつこい誘いにも嫌気が差していた。給金は丁稚奉公当初は3銭か5銭を月に2回貰えるだけだったのが、この頃はそれが30〜40銭になっていた。といっても、所詮は「小遣銭」にしかならない。

当時、土佐堀に「機械鍛冶」の店があった。車輪にベルトをかけて手で廻す旋盤やボール盤を使って、鉄を削ったり穴を開けたりするのだ。それを見た重次郎は、驚きと感激のあまり店の前から動けなくなった。食い入るような視線を怪しんだ職人から「邪魔な小僧やな！　あっちへ行け」と追い払われるほどだった。

「これからの時代、大きな仕事をするには機械力が必要だ」

「こんなところで働きたい」

帰り道、何度も振り返りながらそう思った。

藤孫の親方は何度頼んでも暇をくれなかった。

「このままぐずぐずしていては、結局は小さな鍛冶職人で一生を終えてしまう」

重次郎は夜逃げ同然で出て行くことにした。

だが、次の仕事のアテがあるわけではない。当座の生活費が必要だが、藤孫からは小遣銭程度の手当しか受け取っておらず、貯金などあるはずもない。そこで店の近所で付き合いのあった「辰巳の爺さん」に事情を打ち明け、着物3枚を持ち込んで買い取ってもらえないかと頼み込んだ。

丁稚奉公から逃げ出す自分に、果たして手を貸してもらえるのか。一か八かの賭けだったが、辰巳の爺さんは2円50銭（現在の10万円強）もの「大金」を差し出しながら、厳かにこう言った。

「この着物は買うのやない。あずかっとくのや。あんたがそれほど決心してるのやよって、わしは引きうけたんや。きっと出世せないかんで」

重次郎は両手をついて将来を誓った。

1892年（明治25年）、国内では薩長藩閥の馴れ合いで前年5月に発足した第1次松方正義内閣が求心力不足で閣僚の辞任が相次ぎ、この年8月に総辞職。米国では電気照明機器メーカーのエジソン・ゼネラル・エレクトリック・カンパニーと発電機メーカーのトムソン・ヒューストン・エレクトリックが合併し、ゼネラル・エレクトリック（GE）が誕生している。

重次郎は17歳になっていた。

神戸から呉へ

新天地として、重次郎は神戸を選んだ。飛び出したとはいえ、藤孫の親方の恩は忘れない。せめてもの義理立てとして、大阪でなく神戸で働こうと考えたのだ。

神戸で最初に入ったのは「檜山」という鍛冶屋だった。すぐにでも仕事が欲しい重次郎はいきなり店を訪れ「使うてもらえまへんか」と主人2人（＊6）に直談判した。「この仕事の経験はあるのか」と尋ねられたので、自分の身上と神戸に来た経緯を正直に説明したところ「おもしろいヤツやな」と置いてくれることになった。

1週間ほどすると「おまえはええ腕もってるな。1日10銭やることにしよう」と給金が決まった。「食わせてもらって月に3円になる」と重次郎は感激した。

当時米1升（約1・8リットル）が4～5銭の時代である。さっそく向洋の母に1円を仕送りしたところ、大喜びで誰かに代筆してもらった手紙を返してきた。そこには4年前に故郷を発つ時と同じように、「勤勉であれ、正直であれ、健康であれ、この3つさえ守り通せば、かならず出世できる」と書いてあった。

「檜山」の居心地はすこぶる良かったが、仕事は向こう槌を打つことや鑢《やすり》の仕上げ、螺旋の溝を切るといった昔ながらの鍛冶場の作業である。しばらく働くうちに以前にも増して「機械鍛冶」への憧れが高じ、やがて居ても立っても居られなくなった。とうとう

2カ月ほどで「檜山」の主人に詫びを入れ、念願の「機械鍛冶」への転職に踏み切った。

探し当てた新しい雇い先は同じ神戸で事業を営む機械鍛冶屋。10台の旋盤が据え置かれ、20人ほどの職人が働く、まさに「工場」と呼べる規模の設備・人員を抱えていた。重次郎の給金は1日17銭に上がり、月の稼ぎはざっと5円。下宿料が月に1円80銭だったので、暮らしは楽で休日には牛肉を食べたり、「楠公さん」と呼ばれていた湊川神社へお参りしたり、盛り場で「活動めがね」（＊7）を観たりした。

しかし、こうした金銭的に恵まれた生活も長くは続かなかった。機械鍛冶の仕事はこどもの頃からの夢だったが、広島の漁村を出て、大阪の丁稚奉公から逃げ出してきた重次郎は神戸では新参者であり、面倒で苦しい仕事を押しつけてくる古株の職人たちのいじめや職場の風紀の悪さに、次第に嫌気が差してきた。

そんなとき、懇意にしていた先輩職人が「広島の出なら呉へ行ったらええやないか」と発足したばかりの呉鎮守府「造船部」、後の呉海軍工廠（＊8）のことを教えてくれた。

「あそこなら、おまえさんの大好きな機械を勉強するのにもってこいやで」

重次郎はすぐに広島へ戻り、鎮守府「造船部」の入所試験を受けることになった。採用試験はキャリパー（測定器、俗に言うコンパス）の製作で、手際良くそれを仕上げた重次郎は即採用された。しかも一般の職人が日給17〜18銭だったのに対し、重次郎は38銭というかなりの好条件。月収は約11円になり、月に2円の下宿代を払ってもかなり贅沢な生活ができた。もちろん、向洋から日帰りできる呉に職を得たことを母のリヨはとても喜んだ。

ただ、待遇は申し分なかったものの、与えられた仕事は希望する機械操作ではなく、金属加工で装飾品を作る錺《かざり》職だった。手先の器用さを評価されての抜擢だったのだが、トントンカンカンの鍛冶屋と変わらない小細工物をつくる仕事にはどうにも意欲が湧かなかった。

当時、「造船部」は開所後初めて手がける軍艦「宮古」（排水量1772トン、全長96メートル）の建造中であり、大いに活気づいていた。重次郎は錺職のヒマを見つけては艦内の機械を片っ端から見て回った。機械の名称、操作、性能などを調べ、不明なところは担当者に腑に落ちるまで確認し、それらをいつも持ち歩く手帳に丹念に書き留めた。

実物を見て、触り、機能を調べれば調べるほど興味が尽きなくなる。だが、錺職から機械工作への配置転換は実現しそうもない。「機械で身を立てる」という夢を捨てきれない重次郎は結局わずか1年で呉を去ることを決意する。

「せっかくお国の立派な仕事に就いたのに」と母はしきりに引き留めたが、一刻も早く機械の知識と経験を身につけたいという思いは変わらない。「きっとえらい機械屋になってみせますから」と重次郎は振り切るようにして家を出た。向かった先は2年前に逃げ出した大阪である。

仕事ぶりを見込まれて「婿養子」に

新しい仕事の当てがあるわけではなかった。ただ、重次郎が呉を出た1894年は7月に日清戦争が始まり、大阪砲兵工廠（＊9）では約1万人の職工（作業員）を擁し、増産に次ぐ増産を重ねていると風のウワサで聞いていた。「あそこへ行けばなんとかなる」と重次郎は考えていた。

確かに、大坂城の北側の当時鴫野《しぎの》と呼ばれた場所にあった砲兵工廠に赴くと、戦時下で職人の需要はいくらでもあると言われた。しかし、入所には保証人が必要という。「誰か知り合いの者が所内に居るなら、その者に頼んで手続きをしてもらえばいい」と担当者は言うのだが、そんな心当たりはなかった。

呉からの旅の途中、立ち寄った神戸でタチの悪い客引きに宿料を騙し取られたこともあり、手元のカネは底をつきかけていた。今日中に仕事を決めないと、泊まる場所もない。こうなったら、工廠の職人の中から親切な人を見つけて、保証人になってくれと頼み込むしかない。そう考えて夕方の退勤時間を待つことにした。

夏の暑い盛りだった。なけなしの懐から1銭銅貨を取り出し、氷水を買って飲みながら、時間潰しに界隈をぶらぶら歩いていると、道の真ん中がまっすぐに深く掘り起こしてある。「何のためや」と近くに居た人に尋ねると、「これは水道というものだ」と教えてくれた。道路下に鉄管を敷き、それを市中の家々に延ばしていって、自由に水を使えるようにするという。

「私はびっくりした。こんな大仕掛けも機械力によるのである。これからは機械の世の中だ。（中略）機械だ！　すべてが機械だ！」

この時の感動を後年、重次郎は自伝でこう記している。

工廠に戻り、門の脇の塀にもたれて待つうちに、夕方5時の汽笛が鳴り響いた。退勤の職人たちが群れをなして出てくる。重次郎は目を皿のようにして頼るべき人を探した。すると、意外にも自分に声をかけてくる男がいた。

「おい松田、松田じゃないか！」

男の名は松岡長吉といった。呉の造船部時代の同僚だった。「呉に居たはずなのに、いったいどうしたんや」と訊かれたので、事情を説明すると、「そうか、そんならわしが引き受けてやる。いっしょに来い」と二つ返事で、工廠職人の班長のところへ連れて行ってくれた。班長は小田梅槌といい、快く希望を聞き入れ、保証人になってくれただけでなく、下宿まで紹介してくれた。

1週間の試験採用を経て、日給36銭での雇用が決まった。呉の造船部時代、博打好きの松岡に対し、重次郎は決して好意を抱いてはいなかったが「地獄で仏とはこのこと」と再会を感謝した。採用が正式に決まった時、懐には8銭しかなかったのである。

当時、工廠に籍を置いていた職人はざっと1万人。重次郎は弾丸製造所に配置され、仕上げ師としてここでも重用された。鑢を使うのが得意で、居残り仕事も厭わず、3日分の作業を1日で終えたこともあった。先輩の熟練工が大勢居た中で、竹村保孝という古参の職工頭が重次郎に特に目をかけ、仕事ぶりを褒めてくれた。

その竹村のところへしょっちゅう話に来る別の職工頭が居た。ひと懐っこくて感じが良く、肥って体格もがっしり、いかにも精力的な人物だった。名前は東屋《あずまや》恒吉。当時は大阪市が工廠に発注した水道鉄管の製作に携わっていた。

　ある日、班長の小田から「東屋さんがお前を婿養子にしたいと言ってきた。どうや、行かんか」と唐突に話があった。思いもよらぬことに重次郎は驚いてしまう。東屋が重次郎の働きぶりを気に入り、自分の娘の婿にしたいと思い立ち、相談した竹村も賛成したことから、保証人の小田を通じて話が持ち込まれたという流れだった。
　実は、東屋自身も婿養子だった。生家は長崎にあり、旧姓は村田。村田家は江戸期から代々オランダ人の鋳造技術を習得した家柄で、恒吉の兄・弥兵衛は官営長崎造船所で造船や鋳砲の技術を学んだ「西洋機械の権威」だった。恒吉が養子に入った東屋家は、元は大きな菓子屋を営んでいたが、兄に触発され「これからは機械の世の中だ」と恒吉は一念発起し、代々の菓子業を捨て大阪に出てきていた。

起業に失敗、婿養子も解消

「機械で身を立てたい」と思い続けてきた重次郎にとって、こうした系譜に連なることはありがたいことだった。だが、とはいえ、自分には養わなければならない母が故郷にいる。それだけではない。生来自立心が旺盛な重次郎は、人一倍血気盛んで、他人に頼ることなく「一本立ちの力試し、運試しで進んでいきたい」との心構えが信条だった。

そんな自分が婿養子になり、義父母や嫁に気を遣いながら、日々を楽しく送れるのか——。話を聞いた直後はそんな思いだった。

ただ、周囲の説得で重次郎のこだわりも揺らぎ始める。小田は「あんな人に所望されるなんて果報者やで」と熱心に勧め、東屋本人は「養子になったからといって、自力でお前の道を切り拓けばいいではないか。そうしたお前だからこそ、わしは養子にしたいのだ」と言葉を尽くして口説いた。そして、とうとう母に手紙を書き、東屋家への婿入りを受け入れることを伝えた。

1895年（明治28年）、重次郎は恒吉の娘・千代と婚礼の式を挙げ、東屋の家に入った。披露宴は網島（現在の大阪市都島区）の「鮒宇楼」という高級料亭で開かれ、3日間で300人の客を招くという大宴会になった。

この年4月、清国が降伏し、戦争は1年で終わった。砲兵工廠はそれまでの増産体制から一転して生産縮小となり、まもなく職人の解雇が始まった。

呉の海軍工廠、陸軍の大阪砲兵工廠で腕を磨き、自分の技術に自信を深めていた重次郎は「ここが自分の一大転機」と考え、独立の意思を固める。大阪の旧天満町筋の一角、安治川沿いにあった建屋150坪（約500平方メートル）ほどの工場を借り受け、50人の工員を雇って「東屋鉄工所」を旗揚げした。

ところが、重次郎の自信とは裏腹に、この最初の起業は大失敗に終わる。鋳物中心の加工業を主力に据えたのだが、日清戦争後に景気が急速に冷え込み、仕事はさっぱり。岳父の東屋だけでなく、義理の伯父となった村田弥兵衛も技術面や経営の指導をしてくれたが、１年も保たずに会社は解散に追い込まれてしまう。

重次郎は敗北感に打ちのめされた。だが、まだ20歳。若さは痛手を短期間で癒す。恒吉は失敗を責めず、鉄工所解散による損失の肩代わりを引き受け、さらに今後の身の振り方まで親身に相談に乗ってくれた。

話し合いの結果、重次郎は恒吉の故郷である長崎へ行き、三菱造船所（旧官営長崎造船所）で再度技術を習得することになった。

重次郎は最初の2年間に長崎の三菱造船所で、次の1年間には佐世保の海軍工廠で、それぞれ当時最新鋭の機械に接することができた。長崎では「造船史上空前の大仕事」と評判の大型貨客船「常陸丸」（＊10）が建造中だった。「３階建てほどもある５０００馬力の蒸気機関がぐんぐん組み上げられる」と重次郎はその様子を驚きとともに書き綴っている。

1896年当時、三菱の長崎造船所は、母港ウラジオストク港の結氷期間中に行き場を失うロシア軍艦の修理を引き受けており、街にはロシア人があふれ、「漁村の女でもロシア語を話せるのが沢山いた」。重次郎もロシア艦船の修理要員として働いたが、機械の知識を得ようと、艦船内の機械をそっと手帳に写し取り、研究を重ねた。

佐世保の海軍工廠へ移ったのは長崎造船所の機械を概ね見てしまったことに加え、高給に惹かれたことも理由だった。呉や大阪、長崎でキャリアを重ねた重次郎は「伍長」待遇で採用され、日給1円80銭と「当時としてはすばらしい収入」を得ることになった。

ただ、長崎へ赴き3年が経過しようとしていたこの頃、大阪の東屋から「帰ってこい」という手紙が頻繁に届くようになる。恩のある義父の頼みをむげに断れないが、とはいえ、このまま東屋の家に戻り婿養子として気を遣いながら事業をやる気も起きなかった。

悩んだ末に重次郎は一旦大阪へ戻り、素直に自分の思いを恒吉に打ち明け、養子縁組を解消したいと申し入れた。恒吉はじっと重次郎の顔を見つめたまま、暫く間を置いた後、ようやく「考えさせてくれ」と言葉を絞り出した。10日ほど後「わかった。おまえという人間を完成させるためにわしは手放す。その代わり、必ず世に出て立派な仕事をしてくれよ」と言い渡した。重次郎は感謝の気持ちが込み上げ、顔を上げられず涙に暮れた。

「三笠」修理中に東郷平八郎と邂逅

1901年、重次郎は松田姓に戻った。東屋の娘・千代との間には2人の子があり、長男の恒次はこの年6歳、次男の宗彌は4歳だった。26歳の重次郎はこの兄弟を大阪に残して佐世保に取って返したが、宗彌の出産後の肥立ちが芳しくなかった千代はまもなく亡くなってしまう。こんな不幸もあって、不義理を重ねた東屋の出身地である長崎に重次郎は居づらくなり、自分の故郷・広島へ戻り、再び呉の海軍工廠の門を叩いた。

呉工廠で仕事を得て3年後に日露戦争が始まった。重次郎は軍艦の修理を専門に手がける工作船「三池丸」の配属となり、3人の部下を従える「組長」として乗り込んだ。給金は月額300円へ一気に跳ね上がり、同居する母を喜ばせた。

「三池丸」時代で最も印象的だったのは、日本海海戦を終えた後に朝鮮半島の鎮海湾に停泊中だった連合艦隊旗艦「三笠」の修理を行った時のこと。破損箇所を探す途中でどうしても司令長官室の天井を剝がさねばならなくなった。浅葱の作業服を着た重次郎がやむなく室内に入ると、連合艦隊司令長官、東郷平八郎（1848〜1934年）が執務机の前に座っていた。

事情を話すと東郷は「そうか、それならここへ上がるといい」と机を指した。思わぬ率直な指示に重次郎は一瞬躊躇したが、構わず机に飛び乗り、天井を剝がした。作業が終わると「御苦労だった」と伝説の司令長官はねぎらいの一言を発した。

2度目の呉海軍工廠勤務はこうした華々しい仕事に恵まれたが、それも5年で終わりを告げる。理由は上役だった「技手」との対立である。現場の叩き上げで技術に精通した重次郎の作業方針を学歴自慢の村上其次郎という技手がことごとく覆す。「それが理に合っていることなら承伏するのだが、理を非にまげて、単に反対のための反対をする」。

毎度同じ事が繰り返され、鬱状態になった重次郎は一時殺意を覚えるほど村上を恨むが、「母を悲しませるようなことがあってはならぬ」と考え直し、呉を去る決意をする。後になって、村上は上役でありながら戦時待遇で重次郎の2割程度の給金しかもらっていなかったことが分かる。とんだ逆恨みだったのだ。

手っ取り早く次の仕事を見つけるには地脈・人脈を頼るしかなく、重次郎は3度目の大阪行きを選んだ。就職先は11年ぶりの大阪砲兵工廠。与えられた仕事は独クルップ社製の火砲を改良した「三八式野砲」の型造りで、腕を見込まれた重次郎はここでも高給で雇われるが、呉時代と同様にそれを妬む古参の職人たちの嫌がらせに神経をすり減らす。

「こうなったら自分で事業を興すしかない」

大阪に舞い戻って1年も経っていなかった。重次郎は31歳になっていた。

【注】

（＊1）中国地方総監府＝本土決戦に備え、1945年6月に都道府県の上位に位置する行政機関として全国8カ所に置かれた地方総監府の1つ。

（＊2）牛田町の自宅＝新たな邸宅を新築中で、その近所に借家住まいだった。原爆で新築中の邸宅も借家も焼失したため、その後重次郎一家は敷地内に掘っていた防空壕でしばらく暮らした。

（＊3）コノシロ＝ニシン科の魚。成魚は体長25センチほど。成長段階で呼び名が変わる「出世魚」で幼魚をシンコ、7～10センチに成長するとコハダという。

（＊4）3円、5円のカネ＝本書では過去と現在の貨幣価値の変化を、日本銀行の企業物価指数の中の戦前基準指数を基に算出した金額で示す。ただ、1900年（明治33年）以前は企業物価指数のデータがないため、『値段史年表』（週刊朝日編、１９８８年刊）の小学校教員の初任給を基に算出。重次郎が11歳になる１８８６年（明治19年）の小学校教諭の初任給が5円、２０２０年現在の小・中学校教諭の初任給は約20万9千円なので、現在の貨幣価値に直すと、3円は約13万円、5円は約21万円となる。

（＊5）竜吐水＝江戸時代からある消火用のポンプ式放水具。

（＊6）主人2人＝当時「檜山」は30歳前後の兄と24～25歳の弟が共同経営していた。

（＊7）活動めがね＝レンズのついた箱をのぞきながら、柄を回すと、中に仕掛けてある絵がパラパラめくれて動いているように見える。

（＊8）呉海軍工廠＝１８８６年（明治19年）に大日本帝国海軍が国内を5つの海軍区に分け、それぞれに拠点として「鎮守府」を開設。呉以外に横須賀、佐世保、舞鶴、室蘭に置かれる予定だったが、その後室蘭は取りやめに。残った4カ所の鎮守府には「工廠」と呼ばれる造船所が併設され、このうち呉は最大規模の艦艇建造拠点となった。

（＊9）大阪砲兵工廠＝明治政府が１８７０年（明治3年）、大砲製造を主な目的に旧幕時代の長崎造船所から機械や技術者を大量に異動させて立ち上げた兵部省造兵司が前身。１８７９年に大阪砲兵工廠、１９４０年に大阪陸軍造兵廠などと名を変え、太平洋戦争末期まで存続。現在跡地は大阪城ホールや大阪ビジネスパーク（ＯＢＰ）の敷地となっている。

（＊10）常陸丸＝総重量６１７２トン。それまで長崎造船所で最大だった貨客船「須磨丸」（１５９２トン）の4倍規模だった。当初は日本郵船の所有だったが、日露戦争に徴用され、１９０４年6月に玄界灘でウラジオストク艦隊の攻撃を受け、撃沈された。

第2章　ロシアの砲弾と今太閤

１９０６年（明治39年）、重次郎は大阪府西成郡中津村（現在の大阪市北区、淀川区の一部）字下三番の小さな農家を買い取り、10坪（約33平方メートル）ほどの鉄工所を立ち上げた。社名は「松田製作所」。義父の援助で設立した東屋鉄工所に次ぐ2度目の起業だった。開業資金は大阪・淀屋橋の側で牡蠣船を経営していた大下嘉一という人物からの借金で賄った。重次郎と同じ向洋の出身だった大下は「儲かる仕事かね」と問い質しただけで、３００円（現在の約35万円）をポンと無保証で貸してくれた。

最初の1年は東屋鉄工所時代と同様にさっぱり仕事がなかった。仕方なく、重次郎は長崎から呼び寄せた長男の恒次（当時11歳）や養子に迎えたばかりの甥の松田教治（当時17歳、後の広島マツダ社長）に経験を積ませようと鍛冶場で鞴を吹かせたりしていた。

そうこうするうち、旧川口居留地（現在の大阪市西区）にあった「ホーン商会」（＊１）

の出張店でネジ切り用センター・ゲージ（＊2）という工具を見つけた。「これは便利だから需要があるに違いない」と見様見真似で製品化し、1個30銭で売り出したのだが、これがまるで売れず、在庫の山。1000円規模の損失を出す羽目に陥った。

最初の製品で大失敗し、ただでさえ楽でなかった資金繰りが一段と苦しくなった。やむなく天野延助という塩町（現在の大阪市中央区南船場付近）の高利貸しから日歩4銭（＊3）で借金をしたのだが、そのおかげでますます窮地に追い込まれた。

救世主になったのは、鉄工所の筋向いに住んでいた理学士の大谷津直麿（＊4）だった。当時大阪市役所が水道事業の普及を急ピッチで進めていて、大谷津は米国から輸入する水道用メートル器（使用水量の計測器）の商談の仲介兼通訳をしていた。ところが、「トライデント」と呼ばれていたメートル器は2割くらいが不良品で、対処に困った大谷津が重次郎に「なんとか修繕できないだろうか」と相談に来た。

海軍や陸軍の工廠で多種多様な機械を研究していた重次郎にとって、メートル器の構造は平易で、少し手を入れただけでうまく修理できた。「これでアメリカに返品せずに済む」と大谷津は喜び、以後すべての不良品を重次郎のところへ持ち込むようになる。松田製作所にとって思わぬ大儲けとなり、重次郎は借金地獄から脱することができた。

ポンプの特許で一儲け

さらに、おまけもついてきた。水道事業の端くれに携わったことで、重次郎に新たな機械製品のインスピレーションが湧いてきたのだ。それがポンプだった。

呉や佐世保の海軍工廠で軍艦用ポンプの効能を知り抜いていた重次郎は、水道の揚水・排水・送水などの需要を見込んでピストン部分がゴム構造の手押しポンプを考案した。造りが単純で安価で製造できるため、業務用でも家庭用でも買い手があると踏んだ。

鉄工所の片隅に転がっていたタイヤの切れ端やブリキなどで拵えた試作品は出来が良く、井戸に浸けてハンドルを上下させると勢いよく水が飛び出した。重次郎は喜び勇んで弁理士の浅村三郎（＊5）に依頼して特許を申請。ところが、同じ仕組みのポンプが10年以上前に製品化され、「ダイアフラム・ポンプ」（吸布ポンプ）という製品名で、街で売られていることが判明する。

当然、特許申請は却下された。重次郎は「特許公報も見ずに発明に取り組んでいてはダメだった」と自分の不見識を反省した。だが、よくよく考えると、10年以上も前に売り出された旧来品なら、世間にもっと行き渡っていなければおかしい。普及していないということは売れていないのだ。なぜ、こんな便利なものが売れないのか、それに着目するべきではないか。

そこで重次郎が旧来品を取り寄せて調べてみると、ピストンの外周部が木製の桶型になっていて傷んだゴムの取り替えが非常に難しい。「よし、わかったぞ」と閃いた重次郎は、機械に馴染みのない素人でも扱えるように、ハンドルの栓を抜けばそのままスパナ替わりになり、それを使ってネジを緩めればゴムが簡単に取り替えられる構造に改良した。

その改良型ポンプを再度特許申請し、今度はトントン拍子で許可が下りた。「松田式喞筒（そくとう＝ポンプのこと）」と名づけ、1908年11月から売り出したところ、翌年が旱魃だったこともあり、関西だけでなく地方からも続々注文が入るようになった。

そんな時、「松田式喞筒」のウワサをどこから聞きつけてきたのか、共同事業を持ちかけてきた男がいた。以前、重次郎が苦境の際に借金をした高利貸しの天野である。

「事業の仲間入りをさせてくれ」

こう言って重次郎を訪ねてきた天野は「ついては、資金は自分が出す。利益は半分わけでどうや」と持ちかけてきた。

重次郎は快諾した。

というのも、ポンプを量産するためにはそれまでの中津村の鉄工所ではいかにも手狭だった。かねて目をつけていた上福島（現在の大阪市福島区）の広場付きの新築物件に移転したいと考えていたのだが、手持ちの資金がない。そんな折の投資話だったから、重次郎にとっては、まさに〝渡りに船〟だった。

1909年、天野と共同出資で「松田式喞筒合資会社」を設立した。

好事魔多し！　会社乗っ取りの策謀

この年7月31日、「キタの大火」と呼ばれる大火災が発生する。

火元は靴下や肌着などを製造するメリヤス工場で、夜間操業中の午前4時過ぎ、従業員がランプを誤って落としたことが出火の原因となった。工場は現在の地図に当てはめれば「帝国ホテル大阪」の西側の「大阪市立扇町総合高校」付近にあり、火は東からの強風に煽られて南西方向へ向かい、約3キロ先のJR大阪環状線福島駅辺りまで燃え広がった。

民家のほか、お初天神などの神社仏閣、大阪地方裁判所や北区役所などの官公庁を含む1万戸以上が被災し、当時の大阪市北区の大半に及ぶ1・2平方キロ（甲子園球場約31個分）が焼失した。死者は3人と少なかったが、被災者は約4万4千人に達し、大阪では「御一新以来、最大の大火」といわれた。

この火災を機に、大阪市の消防体制が抜本的に見直され、それまで大阪府警察部（大阪府警の前身）が兼務していた消防活動を新設の4消防署・2分署が独立して行うことになった。その消防署の装備品として、ポンプは飛ぶように売れ始めた。

ところが好事魔多し。「松田式喞筒」の大ヒットで、新進気鋭の事業家として飛ぶ鳥を落とす勢いだった重次郎に魔の手が忍び寄ってくる。

その男は「阿部」といった（後年になっても重次郎はこの時の苦い経験が生々しく記憶に残り、名は覚えていても、決して苗字しか口にしなかった）。天野との合資会社が軌道に乗り、組織を拡充・強化する必要が生じた頃に「この会社のために働かせてほしい」としきりに自分を売り込んできた。

重次郎は、やたら弁の立つ阿部を最初から気に入らなかったが、阿部は兄弟に興信所の所長や会社の重役が居て、みんな人格者だと吹聴し、それを信じた重次郎はつい幹部として採用してしまった。ところが、会社に入ると案の定、一向に仕事をしない。それを咎めると、自分の地位が危ういと感じたのか、その頃2人目の妻に先立たれた重次郎に、自分の妻の妹を娶らせようと縁談を持ちかけてきた。思惑を見透かした重次郎が頑として断ると、それ以来、阿部は敵愾心を隠さないようになる。

そんな不満分子を抱えたまま、ポンプの売れ行きはますます好調で、会社の収益はどんどん膨らんでいった。評判を聞きつけた岩崎男爵家のお抱え設計技師だった清水仁三郎（1878〜1951年）が訪ねて来て、この際、外部の出資者を募って合資会社から株式会社に転換してはどうかと提案してきた。おまけに、ポンプの販売先として取引関係があった有力な金物業者を株主候補として連れてきた。そのうちの1社、林音商会という金物屋の支配人をしていた笹井正雄が、清水に代わって株式発行などの実務を担ってくれることになった。笹井は腹のすわった有能な男で、手際良く次々に手続きを進める。株式会社の創立総会を開くまでに至ったその直前、「事件」が起こった。

ある朝、近くの交番の巡査が会社へ来て「今日ここに執達吏が来ることになっているから知らせておきます」とさりげなく耳打ちしてくれた。「執達吏」というのは今の執行官。強制執行や裁判文書の送達を行う役人である。重次郎は何のことかわからず、笹井に相談すると「とにかく帳簿を隠した方がいい」とアドバイスしてくれた。

そうかと、慌てて奥にしまった直後に7〜8人の執達吏がドヤドヤと事務所に入ってきた。そして「帳簿を出せ」と居丈高に命じた。もちろん、重次郎は「どこにあるかは知らん」と応じなかった。

「会社で一番重要な帳簿がどこにあるかわからんとはふざけた話だ」と執達吏がさらに迫ると、横にいた笹井が「無論帳簿は重要です。だから隠したのです」と言い返す。そんなやり取りをするうち、執達吏は諦めて引き揚げていった。

「会社の乗っ取りだ」

ここに至って、重次郎も笹井もはっきり理解した。

2人とも心当たりがあった。それは阿部のことである。

株式会社への移行に伴い、重次郎は合資会社時代の役員を一掃したいと考え、阿部に退任を迫った。予想通り、阿部は抵抗したが、仕事をしないのだから誰も助け舟を出さない。一時は観念した様子だったのだが、そのうち用もないのに会社にやって来ては、事務員を脅して帳簿を見ていくようになった。しかも、重次郎が不在の時を見計らってのことである。

阿部の妻の父親が弁護士であることは重次郎も承知していた。阿部が重次郎に妻の妹との縁談を持ちかけた際「弁護士の娘だから、素姓はしかるべく確かだ」としきりに喧伝していたからである。

他にも、興信所の所長や会社の重役が親戚にいる。おそらく人脈を総動員し、法律を逆用して会社の乗っ取り策を講じてくるに違いない。

「何はともあれ、用心しなければ」

笹井と縷々打ち合わせをしてこの日は別れた。

49日間にも及んだ勾留

翌日の夕食後、重次郎が事務所で友人と話している最中に刑事がいきなり入って来た。令状を突きつけ「署まで連行する」という。やむなく同行したが、老松町（現在の大阪市北区西天満付近）の北署に着いた途端、取り調べもなく留置所に放り込まれた。

数日後に取り調べを始めた担当検事は当初高圧的で怒鳴り飛ばしていたが、ある日打って変わって穏やかになり「この書類に捺印すれば放免しよう」と言い出した。見ると、それは事業譲渡を応諾するという書類だった。「そんなばかな」と重次郎は拒否した。

その後も数日おきに検事は捺印を迫ってくる。重次郎は応じなかったが、会社がいったいどんな状況になっているのか、外の様子がさっぱり判らない。

やがて、重次郎は未決囚として刑務所に送られ、取り調べの時だけ北署へ連行されるようになった。ある時、連行中の馬車の中で、付近を歩いていた男たちの会話が耳に入ってきた。その声に聞き覚えがあった。

「植田実と村田久太郎ではないか……」

古くから重次郎の工場で働いていた2人である。会話はこんな内容だった。

「このあいだ、判を押せと、せがんできましたなあ」

「そうやが、あれは押さんとおきましょうぜ」

そうか、これはどんなことがあっても捺印するなと注意しているんだな、と重次郎は悟った。

後々聞いたところによると、この頃、笹井が籍を置いていた林音商会や出資予定だった浅香商店（浅香工業の前身）などが、重次郎を救い出すための活動を始めており、植田と村田の忠告もその一環だった。

事業譲渡書類への捺印を迫った検事はやがて交代し、新たな担当になった大井新太郎という検事は重次郎の不条理な境遇に同情を隠さなかった。前任の検事とは対照的に

「予審中に捺印すると、後で面倒が起こりやすい。軽率なことをしてはいかんよ」と忠告してくれた。それでも結局、重次郎は49日間勾留された。長男の恒次はこの間、面会に行った際に父から言われたことを後々までよく覚えていた。

「一生懸命勉強せい。お父さんは何も悪いことはしていないからもうすぐ家へ帰る」

　帰宅を許された日、友人や仕事仲間が祝宴を開いてくれている最中に「予審免訴」の通知が届いた。晴れて不起訴を勝ち取ったのだ。一同万歳を叫んで、重次郎を胴上げした。しばらくして、役員解任を恨んでいた阿部と会社の収益性の高さに目が眩んだ発起人の1人の共謀だったことが判明した。

　7月30日に明治天皇が亡くなり、元号が大正に変わった1912年、重次郎は裏切り者に食い物にされかけた松田式喞筒合資会社を整理し、再び「松田製作所」という名を冠した会社を設立する。株式会社化は創業者である重次郎の懐を大いに潤すはずだったが、カネ儲けにしか目のない連中の策略に巻き込まれるのは二度とごめんだった。創業者利得も投げ捨て、曰く付きの会社とあえて縁を切り「もとの素っ裸になった」のだ。

日本海軍、そしてロシア軍の仕事も受注

その「素っ裸」になった重次郎に、再起のための資金500円（現在の約52万円）を提供してくれたのは、建築家の設楽貞雄（1864〜1943年）をはじめ5人の友人たちである。5人とも、この年開業した大阪ミナミの娯楽場「新世界」（＊6）のプロジェクトに携わった技師だった。その「新世界」の一角に立つパリのエッフェル塔を模した「通天閣」（初代、1943年に解体）を設計したのが設楽である。

新生・松田製作所の最初の大仕事は、その「新世界」内に開業した遊園地「ルナパーク」に造られた人工の瀑布渓流（滝のある水路）の技術支援だった。相談を受けた重次郎は吸気エンジン付きの30馬力のポンプを製作し、大量の水を送り込むことに成功した。また、「通天閣」と「ルナパーク」を結ぶロープウェイの構造・設計も考案した。

仕事が順調に滑り出すと、重次郎はますますポンプに夢中になった。「寝てもさめても、私はポンプの改良を考えぬいていた。次第にタービンや高圧ポンプ、機械ポンプにも手を出すようになった」と当時のことを後に振り返っている。

そんな重次郎の研究姿勢が評判になったためか、松田製作所の再スタートから丸1年が経った頃、「舞鶴の浅井です」と名乗る海軍少佐が突然、上福島の会社へ重次郎を訪

ねてきた。工場を見学させてほしいという。重次郎は快く応じ、工場内を案内すると、見学後に少佐はこんな風に話を切り出した。

「あなたの工場は小さいが、全体がかっちり整っている。どうです。海軍の仕事をやりませんか」

呉や佐世保の海軍工廠で腕を磨いた重次郎である。当座の材料費に充てる資金がないことが唯一の気がかりだったが、それ以外に断る理由はない。とりあえず、舞鶴まで来てほしいとのことだったので、兎にも角にも出かけていくと、演習用魚雷の頭部を示され「これをあなたの工場で製作してもらいたい」とのことだった。注文金額を聞いて驚いた。総額5千円（現在の約520万円）だという。

カネ繰りはなんとかなると、半ば開き直ってこの注文を受けることにした。懸念した通り、慢性的な自転車操業で何度も資金ショートの危機を迎えたが、主力銀行となった加島銀行（＊7）の羽田栄重支店長の機転の利いた対応で乗り切ることができた。その後、呉海軍工廠からも同様の注文を受けるようになり、松田製作所は当時の機械工業界で次第に注目される存在になっていった。

さらなる飛躍のきっかけは第一次世界大戦中にロシアからもたらされた。オーストリア＝ハンガリー帝国皇太子、フランツ・フェルディナント夫妻の暗殺をきっかけに戦争が始まったのが1914年。その翌年のある日、重次郎は複数の有力者からほぼ同時に「こんなものを作れないか」と信管らしき部品の試作を持ちかけられた。

詳細な用途は不明だったが、重次郎は1週間部屋に籠って見本と図面を検討した結果、「十分可能です」と返事をした。すると、それは砲弾用の信管であり、発注者はロシア政府であることが明かされた。

話を持ちかけた有力者の1人が山口嘉藏（1865〜1943年）。鳥取・倉吉の貧しい家に生まれ、織物の商いで身をおこし、紡績、製鋼、窯業、機械など広範な事業を手がけた実業家である。山口はウラジオストクで雑貨店を営んでいた関係でロシア政府とパイプがあり、そのウラジオストクに本社を置くブリネル＆クズネツォーフ商会の技師兼支配人であるアンドレ・モライティニから依頼を受け、信管製造の請負先を探していた。

ロシアはそれまで信管を国内で生産していたが、製造元の工場で働いていたのはドイツ人ばかりだった。1914年7月に大戦が始まると、敵国人となったドイツ人労働者が一斉に帰国したため、製造不能になってしまったのだという。

こんな事情で「露独戦争」（第一次大戦の別名）開戦後、ロシアは砲弾不足に悩まされることになった。そこへ慢性的な外貨不足に悩んでいた日本の経済界がロシアに対し武器・軍需品の提供を申し出て、ロシア側もそれを歓迎した。日露戦争の終結後、両国関係は一気に改善し、協調ムードの中で、一時的ではあるが「日露兵器同盟」という戦略的なパートナーシップが育まれていった（バールィシェフ・エドワルド論文「第一次世界大戦期における『日露兵器同盟』の実像」２０１６年）。

急ピッチの工場拡大で「今太閤」と呼ばれるように

モライティニが山口を通じ、重次郎に提示したロシアの注文は１個当たり４円10銭で合計４００万個、総額１６４０万円（現在の約１７７億円）に達する巨額の商談だった。それを当時従業員15人の松田製作所が受注することになったのである。

１９１５年11月、ロシア陸軍で兵器工場長を長年務めた退役中将のニコライ・パブロヴィッチ・ソーモフを団長とする砲兵本部使節団が来日し、松田製作所へ視察に訪れた。当初は不安気なソーモフだったが、製造工程を見て表情は一変。「こんなに手早く、こんなにまで手際よくやれるとは思わなかった」と重次郎の工場に太鼓判を押した。

ソーモフのゴーサインを得て、モライティニと重次郎は正式に契約を結んだ。当時の慣習として保証人を立てなければならなかったが、重次郎には意中の人物がいた。「松田式喞筒」を売り出す際、他社に先駆けて一手販売を引き受けてくれた「範多商会」の社長、範多龍太郎（1871～1936年）である。

範多は、明治初期に来日し大阪鉄工所（現在の日立造船）などを創業した英国人エドワード・H・ハンター（1843～1917年）と大阪・川口の薬種商の娘、平野愛子との間の長男として生まれた。神戸で育ち、後にドイツや英スコットランドに留学し、グラスゴー大学で造船工学と土木工学を専攻。帰国後は父が日本で興した事業を引き継ぎ、大阪鉄工所所主、大阪保険（後の住友海上火災保険、現在の三井住友海上火災保険の前身）社長などを歴任した。

実弟の範三郎（1884～1947年）もロンドンの王立鉱山学校で鉱山学と冶金学を学び、帰国後は朝鮮半島の雲山鉱山（現在の朝鮮民主主義人民共和国平安北道）や大分県の鯛《たい》生《お》金山などの開発を手がけた。削岩機や坑内エレベーターなど英国の最新技術を積極的に導入し、先駆的な鉱山経営で名を揚げた。

余談だが、範多は当初、母方の姓を借りて「平野龍太郎」と名乗っていたが、英国留学から帰国後の1893年、係累が途絶えていた大阪・河内の士族「範多家」を紹介され、同家の養子となることで、以後「範多龍太郎」と名を変えた。一家が暮らした神戸・北野（現在の神戸市中央区）の邸宅「旧ハンター住宅」は1963年に王子動物園（同灘区）に移され、1966年に国の重要文化財の指定を受けている。

さて、範多を保証人にモライティニとの契約がまとまり、ここからプロジェクトは本格化する。この時重次郎は40歳。東屋鉄工所の独立以来の20年間、数々の失敗で教訓を得た重次郎は生産計画を慎重に進めた。

まず、これだけの注文をこなすには新しい工場が必要になる。用地を慎重に物色している余裕はない。阪神電気鉄道が保有していた大阪・梅田駅裏の土地5000坪（約1万6500平方メートル）を即決で買い取り、そこにトタン葺きのバラック式工場（合計床面積3500坪）を建てた。「梅田発の電車が箕面を往復する間に新たに1棟立ち上がっていた」と後に噂になるほどの突貫工事だった。さらに重次郎は大阪の機械問屋の二大集積地である立売堀（現在の大阪市西区）と谷町（同中央区）をひそかに訪れ、1日で界隈の問屋が保有する在庫の工作機械を残らず買い占めた。

名うての大阪商人たちもこれには仰天。太閤秀吉の「墨俣の一夜城」にちなんで「にわの一夜工場」と囃《はや》し立て、重次郎を「今太閤」と褒めそやした。

ただ、主要材料であるアルミニウムの品不足には苦労した。あまりに大量なため、大阪の金属問屋の在庫だけでは足りず、関東にまで対象を広げて調べてみると、東京砲兵工廠（＊8）が大量に保有し、近々英国へ売り渡す予定という。

重次郎は当時陸軍中将で政府内に影響力のあった田中義一（1864〜1929年）らに直談判し、外務省を通じて英政府と交渉。こちらの事情を伝えると、ロシアは連合国側（日英両国にとって味方）なので「（アルミを）譲ってもいい」との承諾を得た。

ところが、その購入費200万円（約22億円）がすぐには払えない。そこで重次郎は、同じ長州人で田中義一と親密な事業家の久原房之助（1869〜1965年）を頼った。久原は日立銅山（茨城県）など鉱山経営で財を成した「久原財閥」の創始者で、当時は大戦景気に乗り、飛ぶ鳥を落とす勢いだった。

初対面で久原は「（信管製造は）あなたがモライティニという商館の支配人から持ち込まれた話ではないか。ロシア陸軍からの直接の注文ならば信用できるが、その商館の下請け仕事では返事ができない」と資金の用立てに難色を示した。一度は諦めかけた重次郎だったが、他に頼るあてはない。

2度目の対面の際、重次郎は必死の形相で訴えた。

「英国向けのアルミを積んだ船が横浜をすでに出港し、神戸に向かっている。確かに我々は下請けだが、ロシア陸軍のソーモフという中将の使節団が大阪の私の工場に来て、十分満足して帰った。ロシア陸軍と同等に信用してもらってもいいはずだ」

久原は重次郎の気迫に圧倒されたのか、今度は反論もなく、即座に200万円をポンと投げ出したという。ただし「アルミは一応自分の方の倉庫に預かっておく」という条件をつけた。重次郎に異論はなく、金策はこれで完了した。

1916年になって信管工場は操業を開始する。当時の資料によると、従業員は一気に3850人に増え、信管の生産能力は1日1万5千個に達した。松田製作所は株式会社化し、広島県出身でかねて重次郎の支援者だった染料商の小西喜代松や大阪堂島米穀取引所理事長などを務めた宮崎敬介（1866〜1928年）ら当時の大阪財界の有力者を役員に迎えた。銀行との交渉がスムーズに行くように、小西を社長に据えて財務全般を任せ、重次郎は専務として製造に専念した。当初、この布陣は非常にうまく行った。

重役陣と対立し会社を離れる

だがやがて、機械好きでモノづくりにこだわる重次郎と事業収益にのみ関心がある他の重役陣の間に溝が出来始める。信管工場が稼働して間もない1916年11月、重次郎は重役陣から社名を「日本兵器製造」へ変更しようと持ちかけられた。唐突な提案だったが、重次郎はなんの疑惑も不快さも感じなかった。「私は仕事がしたいのだ。社名がどうあろうと、仕事をしていれば嬉しいのだ」と当時の心境を振り返っている。

重次郎は承知したうえで、そんな社名とするなら信管だけでなく、銃や砲をはじめ兵器全般の製造に乗り出そうと提案した。そして事業拡張のため広大な土地の確保が必要だと付言した。この時、重次郎が頭に浮かべていた工場移転の候補地は故郷・向洋だった。

善は急げと、重次郎は事業拡張と向洋への工場移転計画を重役陣に説明した。進出予定地として探し当てた土地は50万坪（約1・65平方キロ）もあった。一同賛成したことを受け、重次郎は自ら重役陣を率いて向洋へ現地調査に出向き、地元の人々への説明も引き受け、その了解も取り付けた。

ところが、重次郎が現地に1人残って土地購入契約をまとめ、1カ月半後に大阪に戻ると、重役陣は態度を翻し、重次郎不在のまま、兵庫県明石への工場移転を決議していた。「明石は大阪から近いが、向洋は遠い」というのがその理由だった。おまけに、向洋への移転計画は重次郎が故郷に錦を飾るための虚栄心から発したものと批判する向きもあった。「貧しい漁村が豊かになる」と故郷の人々を説得し、土地購入契約まで済ませてきた重次郎にとって、動機が虚栄心とまで言われては立つ瀬がない。

「少年時代、はじめて大阪へ奉公に出た時、母から『立派な者になってもどれ』と訓戒されていた。１日たりとも私はこの言葉を忘れたことはない。しかし、母は郷里に見得を張れとは教えなかった」と悔しさを吐露している。

「信を失うことも捨てることも耐えられない」との言葉を残し重次郎は１９１７年３月に辞任を表明。さらに大阪を後にして広島へ戻ることを決める。小西をはじめ重役陣はロシア向けの信管製造が完了すれば重次郎が高額の功労金を受け取り、さらに大株主としての配当もあるから「よもや身を引くことはあるまい」と見ていた。ところが予想に反し、辞意は本気と判明すると大いに慌てた。

製造現場の何もかもを取り仕切ってきた重次郎に去られてはとんでもない事態になる。重役陣は半ばパニックになって引き留め工作に奔走するようになり、まず当時の大阪府知事、大久保利武（１８６５〜１９４３年）を担ぎ出した。元勲・大久保利通（１８３０〜７８年）の三男は、こう言って重次郎をなだめた。

「大阪府としては、君の工場のおかげで、いろいろ利するところがあるのだ。この仕事は君が請け負わなければアメリカにとられるところだった。こうして仕事もずんずん進捗している際に、肝心の君がいなくなっては、社も困るのだ。ぜひ考えなおしてほしい」

だが、それでも重次郎の決意は揺らがない。この頃になると、広島で暮らす年老いた母のもとへ帰り、故郷の向洋に大工場を建て、漁業や筵《むしろ》編みくらいしか仕事のない人々に働き口を提供するという、新しいプランに重次郎はすっかり夢中になってしまっていた。すでに50万坪の土地は手当て済みであり、新会社設立のための株主募集の構想を重次郎が明かしたところ、広島財界の有力者は大乗り気で賛同してくれた。

「日本兵器製造」側の最後の説得役となったのは、重役陣の1人で大阪堂島米穀取引所理事長や「新世界」の経営母体である大阪土地建物の社長、後に大阪電灯（関西電力の前身の1つ）社長なども歴任した宮崎敬介だった。東京株式取引所の株式仲買人から身を起こし、相場師としても知られていた宮崎はこう忠告した。

「株については、私は深い経験をもっているつもりだが、広島地方は株というものに甚だ冷淡で、到底松田君の計画する工場はできない。それでは松田君を男にするどころか、死なすようなものではないか」

この時の宮崎の忠告は後に的を射ていたことが明らかになるのだが、「向洋の人々は土地の将来の発展策として、全財産を投げ出すくらいの意気込みでいる」「一家一株でも新会社の株を買う気でいる」といった地元賛同者からの報告を聞いていた重次郎が思い直すことはなく、重役陣はここに至って事実上の創業者の辞任を認めた。

重次郎が去った「日本兵器製造」はその後「大阪機械工作所」「大阪機工」「ＯＫＫ」と社名を変え、東証１部上場の工作機械メーカーとして現存している。重次郎は保有していた日本兵器製造株を懇意だった範多商会へ売却したが、自分の在籍時に１株１００円だった株価が、会社を去った後のこの時には75円に値下がりしていた。「わしの不在が株の値を下げた」と自分の存在価値を自伝で誇らしく語っている。

自分で創った会社をまたも離れる

こうして大阪でのしがらみを断ち切り、心機一転、広島で新会社を立ち上げようと意気揚々と帰郷した重次郎だったが、またもや思わぬ壁が立ちはだかる。

１９１７年９月、前月６日に42歳になった重次郎は広島で新会社を設立した。31歳の時に中津村で、37歳の時に上福島で、それぞれ立ち上げた会社と同名の3社目になる「松田製作所」である。授権資本金は150万円（約11億円）で、このうち払い込みは4分の1。しかし、いざ会社設立の段になると、それまで諸手を挙げて賛同していた地元財界の面々の態度が豹変してしまう。

新会社では、これまでと同様に重次郎は自らの役職を専務にとどめ、住友本家初代総理事、広瀬宰平（1828〜1914年）の長男・満正（1860〜1928年）を社長に、やり手の資本家と評判の柴田為三郎を常務に、それぞれ据えた。広瀬は瀬戸内海を挟んで広島の対岸にある愛媛県の多額納税者として有名で「この人の所有地を踏まなければ四国に入れない」ほどの土地持ち長者といわれていた。

ところが、懐が潤沢なはずの広瀬も柴田も執拗に払い込みを渋り、代わりに「運転資金を都合してやるから300株を先に寄越せ」といった身勝手な要求を次々に繰り出してくる。京都在住の広瀬のために東山の高級料亭「左阿彌《さあみ》」で役員会を開いたのだが、その場でも揉め事が次から次に噴出し、会議が紛糾。さすがに業を煮やした重次郎は広瀬と柴田の2人を解任。これでようやく会社が機能し始めた。

ちょうどその頃、海軍技術少将で後に日本製鋼所会長などを歴任した水谷叔彦（18

65〜1947年）が重次郎のところへ面会を求めてきた。軍服姿でなく、鳥打帽を目深に被り猟銃を担いでまさに猟師のいでたちの水谷は、当時北海道室蘭にあった日本製鋼所の工場の移転先を探すため、ひそかに海田市町（現在の広島県安芸郡海田町）から向洋あたりを探査中だと明かした。

日本製鋼所は、日露戦争後に英国からの技術導入による国産兵器メーカー育成を目指し、1907年に三井系の北海道炭礦汽船と英兵器メーカーのアームストロング・ウイットウォース、英重工業会社ビッカースの3社が共同出資で設立した。当時「八八艦隊（戦艦8隻、装甲巡洋艦8隻）」と名づけられた、米国を仮想敵国とした日本海軍の新たな建艦計画が浮上し、日本製鋼所はその建造・整備を担う中核会社と位置づけられていた。

「ここはいい土地だ。日本製鋼にはうってつけだ」と水谷がしきりに褒めそやすため、重次郎は「私の今の仕事は2万〜3万坪もあれば十分なので、ほんとうに移転をお考えならここを全部提供してもいいですよ」と言い、新しい仕事と資本家（出資者）を必死に探している新会社の窮状を正直に説明した。水谷は「そのこと、よく考えておきましょう。ここへ日本製鋼の工場を持って来れば、あなたの工場と連携できてお互いに便宜が図れるわけですから」と返答し、帰って行った。

水谷と重次郎の雑談から始まった提携話はわずか半年で双方が合意に達した。1918年4月、株式の50％を日本製鋼所に譲渡した松田製作所は同年6月に「株式会社広島製作所」に社名を変更。それに伴い「名義ばかりで払い込みをしない」重役はすべて退陣し、代わりに日本製鋼所から幹部を迎え、重次郎は常務に収まった。

ただ、ようやく経営は正常化したものの、英国企業と合弁の国策会社である日本製鋼所の傘下に入った「広島製作所」の事業運営は、それまで重次郎が経験した手法と抜本的に異なり「まったくのお役所式」だった。

良くも悪くも制度化された経営体制であり、重次郎は自分が創業者であるにもかかわらず、全く知らない会社にいる錯覚に襲われるようになった。「これはもう、三井へ全部譲ってしまった方がいい」と考えた重次郎は、広島製作所に衣替えしてからわずか1年半余り後の1919年11月、常務の役職を辞任した。

「自分にはまだまだ新しい仕事が待っている」

そう考えた重次郎は広島市上流川町に居を構え、そこに年老いた母・リヨも呼び寄せた。翌1920年、リヨは91歳で天寿を全うしたが、短い期間ながら、朝な夕なに母と談笑できたことを重次郎は感謝した。

「自分が広島製作所を辞するようになったのも、これは神仏が、自分をして最後の孝養を尽くさせるため、時間を与えてくれたのだろう」

当時の心境をこう振り返っている。

広島へ転居後、重次郎は挨拶と歓談を目的に地元の名士を宴席に招いた。「当分は休養するつもり」とその席で繰り返し述べてはいたものの、再起に向け、そのきっかけを探していたというのが本心かもしれない。この時期すでに広島出身の大実業家として有名になっていた重次郎を、政財界の有力者が放っておくはずがない。

次から次に会社や事業の相談事が持ち込まれ、あっという間に19社と関係することになり、このうち5社の重役を引き受けることになった。この5社の中に、後に東洋工業、マツダと社名が変わる会社が含まれていたのだが、主力となる自動車製造事業についてはまだ影も形もなかった。

【注】

（＊１）ホーン商会＝１８９６年に来日した米国人フレデリック・ホーンが横浜で立ち上げた機械工具の輸入商社。ホーンは１９１０年に日本最古のレコード会社、日本蓄音器商会（日本コロムビアの前身）を設立する。

（＊2）ネジ切り用センター・ゲージ＝旋盤でネジ切り加工する際、刃型の角度検査をする工具。

（＊3）日歩4銭＝100円に対して1日当たり4銭（0・04円）、年率換算では14・6％。

（＊4）大谷津直麿＝1900年代初めには岩井商店（後の日商岩井、現在の双日）の大阪本店支配人を務めていた。

（＊5）浅村三郎＝元農商務省専売特許局審査官。初代特許局長、高橋是清（1854〜1936年）の勧めで、1890年に民間の発明推進のため国内初の特許事務所「東京特許代言社」を設立するが、顧客が集まらず1年持たずに解散。翌年、商工業の盛んな大阪に場所を移し、北浜に「大阪特許代言社」（現在の浅村特許事務所）を設立した。

（＊6）新世界＝1903年に開催された第5回内国勧業博覧会の跡地に建設された。広さは2万8千坪（約9万2400平方メートル）。シンボルタワーとして建築された「通天閣」や米ニューヨークのコニーアイランドに倣って造られた遊園地「ルナパーク」などがあった。

（＊7）加島銀行＝江戸期以来の豪商、加島屋久右衛門家が1888年に設立。昭和金融恐慌のあおりで、1928年以降、鴻池銀行（後の三和銀行、現在の三菱ＵＦＪ銀行の前身の1つ）などに店舗を譲渡し、1937年に廃業。創立者の同家9代目当主の広岡久右衛門正秋（1844〜1909年）は大同生命保険の初代社長でもある。この正秋の兄嫁がＮＨＫ連続ドラマ「あさが来た」（2015年9月〜2016年4月）のモデルになった広岡浅子（1849〜1919年）である。

（＊8）東京砲兵工廠＝1870年に東京・小石川の旧水戸藩邸跡地に建設。関東大震災で大きな被害を受けたため、１９３１年から福岡県の小倉兵器製造所（後の小倉工廠）に順次移転。跡地は民間に払い下げられ、１９３７年に後楽園球場（現在の東京ドーム）が開業した。

第3章　2代目の反骨

「本当に野球が好きでしたね。カープの試合があると、仕事中でも片方の耳にイヤホンをしてずっと聴いていて、カープがチャンスやピンチの場面になると、周囲の方が話しかけても上の空で『えっ、なんだ』と必ず聞き返していました」

東洋工業の2代目社長、松田恒次の長女、本原幸（1940年生まれ）は父の思い出をこう語る。

家では仕事の話は一切せず、娘の目から見ても寡黙で厳格な印象が強い恒次だったが、時折遭遇した経営者像はこんな愛嬌があった。

「マツダのことは昔も今もまったくわかりません」

祖父の重次郎から父、そして兄の耕平と3代にわたり松田家から社長が輩出した会社について、幸は素っ気なくこう繰り返す。だが、それでも彼女は、マツダにとって「歴史の証人」なのである。

1960年（昭和35年）9月20日、恒次はドイツの工学博士フェリックス・バンケル（1902〜88年）が考案したロータリーエンジンの共同開発を目指し、バンケルを支援するNSU社（＊1）との技術提携交渉を進めようと羽田空港から当時の西ドイツに向け出発した。

この東洋工業一行6人の中に当時20歳の幸が含まれていた。

「本来は母が同行すべきだったのですが、この時は世界一周の長旅だったんです。ドイツの後にイギリスやイタリアへ行き、それから大西洋を渡ってアメリカのデトロイトでGM（ゼネラル・モーターズ）の工場見学などをして、最後にハワイ経由で帰国するという日程でした。母は旅慣れていないし、行き先が海外ということもあって、私が行くことになりました」

「役所の介入」に苦しめられる

恒次がロータリーエンジンに社運を賭けていたことはよく知られている。

序章で触れたように、戦後、東洋工業はいち早く三輪トラックの生産を再開し、この分野でトップメーカーとなったが、1950年代半ば以降、国内自動車市場の主役は四輪車に移っていく。

1951年12月に父・重次郎の後を継ぎ、社長に就任した恒次は、1958年4月に小型トラック「ロンパー」を発売して四輪市場に足掛かりを築いた。続いて、このドイツ訪問の4カ月前の1960年5月に「R360クーペ」を世に送り出し、念願の乗用車市場進出を果たした。戦後、高成長を続ける自動車市場で、東洋工業の存在感を高めようと恒次は必死だった。

しかし、トヨタ自動車工業（＊2）が1955年に生産を開始した高級乗用車「クラウン」や1957年発売の小型セダン「コロナ」、日産自動車が1959年に売り出した小型セダン「ブルーバード」など、上位メーカーの人気車が次々に市場に投入されるようになると、製品ラインナップで東洋工業との落差が目立つようになっていく。加えて、恒次が会社の先行きを見通す上で、常に懸念材料として思い浮かべていたのが「行政指導」という形を装った「役所の介入」だった。

朝鮮戦争特需で戦後の復興が加速した1950年代以降、当時の通商産業省（現・経済産業省）は次代の貿易自由化の波に備えた産業構造強化に乗り出した。中でも、恒次

松田恒次（『松田恒次追想録』より）

率いる東洋工業に対し、大きな衝撃を与えたのが1960年前後から論議がスタートした「特定産業振興臨時措置法案（略称・特振法、最終的に廃案）」だった。

乗用車、特殊鋼、石油化学の3分野を国際競争力に劣る業種として「特定産業」に指定し、合併による企業再編や新規参入制限などによって事業基盤をパワーアップするという政策である。

通産省が「特振法」に突き進んだのは1956年に成立した「機械工業振興臨時措置法（略称・機振法）」（＊3）の成功体験が背景にあった。「機振法」は中小機械製造業の育成・強化を目的に、通産大臣が対象業種の合理化計画や生産技術向上計画を策定し、それに伴う設備資金を日本開発銀行（現・日本政策投資銀行）が融資する制度である。

当初期限の5年間に「機振法」の適用対象になったのは、工作機械や金型、自動車部品など21業種に及ぶ294社、融資総額は約112億円に達した。戦略的な産業政策の成功例として評判になり、1949年に商工省から改組された「戦後生まれ」の通産省の士気は著しく向上した。

だが、「機振法」の余勢を駆った「特振法」に対しては、まず大蔵省（現・財務省）とその意を汲んだ銀行界が激しい反対の声を上げた。開銀などによる制度融資の膨張を警戒した「縄張り争い」の色彩が濃かったのだが、そこへさらに財界も断固拒否の旗を掲げる。根っからの自由主義者だった当時の経団連会長、石坂泰三（1886〜1975年）は「これは戦時統制のような立法だ。形を変えた官僚支配になる」と真っ向から批判した。

通産省内でも、「特振法」推進の中核となった当時の企業局長、佐橋滋（1913〜93年）ら統制派に対し、通商局長の今井善衛（1913〜96年）や通産大臣秘書官の山下英明（1923年生まれ）ら国際派の派閥抗争が目立つようになる。佐橋、今井、山下の3人は紆余曲折を経ていずれも後に通産事務次官となるが、その辺の事情は彼らをモデルにした城山三郎（1927〜2007年）の小説『官僚たちの夏』（新潮社、1975年刊）に詳しい。

「株主になってからものを言え！」

1961年5月、通産省が示した特振法案は以下のような内容だった。乗用車の輸入自由化は1963年春をメドとし、国際競争力強化のため、企業の統廃合や新規参入制限によって国内自動車メーカーを3つのグループに分ける。

〈1〉量産車グループ（2社）
〈2〉高級車・スポーツカーなど特殊車両グループ（2～3社）
〈3〉軽自動車（ミニカー）生産グループ（2～3社）

当時の国内乗用車メーカーを列挙すると、トヨタ自動車工業、日産自動車、プリンス自動車工業（1966年に日産自動車と合併）、東洋工業、新三菱重工業（現・三菱自動車工業）、いすゞ自動車、日野自動車、富士重工業（現・SUBARU）、鈴木自動車（現・スズキ）、ダイハツ工業の10社。現在ではトラック・バスなど商用車専業になっているいすゞや日野も、この時期はまだ乗用車を開発・製造していた。通産省はこれら10社を「特振法」

によって6～8社に再編し、しかも、量産車や高級車、軽自動車といった車種別に枠を嵌め、国内メーカー同士の無駄な競争を省くという考えだった。

また、これとは別に、業界関係者の間では、1つ目はトヨタ、2つ目は日産がそれぞれ中核となり、最後の3つ目のグループは東洋工業やいすゞなどを寄せ集めたその他連合になる、といった「生臭い再編構想」（当時の関係者）も取り沙汰されていた。

当然、自動車各社のトップからは反発の声が上がる。当時まだ二輪車メーカーだった本田技研工業（現・ホンダ）の社長、本田宗一郎（1906～91年）の有名な逸話がある。同社はこの法案提出から2年後の1963年に四輪車進出を果たしたが、後に「特振法」推進のリーダー役だった佐橋滋と顔を合わせた際、本田はこう喰ってかかった。

「『特振法』とは何事だ。おれにはやる（自動車をつくる）権利がある。既存のメーカーだけが自動車をつくって、われわれがやってはいけないという法律をつくるとは何事だ。自由である。（中略）そんなに合同（合併）させたかったら、通産省が株主になって、株主総会でものを言え！」（ホンダHP「Hondaのチャレンジングスピリット」より）

ロータリーエンジン開発の「決起集会」

本田と同様に、恒次も通産省が主導する業界合理化を「悪夢」と考えた。

「特振法」立法化の動きが加速した1963年5月、恒次は宮島口にある東洋工業の「迎賓館」にエンジン関連部品メーカーの経営トップらを集め、難航していたロータリーエンジン開発の「決起集会」とでも言うべき大宴会を開いた。その場で恒次が行った演説は印象深く、居合わせた多くの人々がその後も長く記憶している。

「通産省は『機振法』以来、日本の自動車メーカーを3社程度に集約し、貿易・資本の自由化に備えようとしている。当社が通産省に抵抗し独立して生き残るため、なんとしてもロータリーエンジンをモノにしたい。大手の後を追うだけでは許されない。独立を保つため、ウチはロータリーエンジンをやる。他のメーカーがやれないものをやるんだ」

配属メンバーが47人だったことから「四十七士」と呼ばれていた東洋工業ロータリーエンジン研究部員の1人（後の社長）、山本健一（1922～2017年）はこの演説で初めて通産省の動きを知らされ「目からウロコが落ちる思いだった」という。

東洋工業が独立して生き残るには画期的な技術開発をなし遂げ、国内のみならず海外市場でも確固たる地位を確立する必要がある。その画期的な技術を求め、まさに暗中模索していた中で巡り合ったのがロータリーエンジンだったのだ。

通常のレシプロエンジンはピストンが筒型のシリンダー内で往復し、その往復運動をクランクシャフトで回転運動に変えて車輪の動力とする仕組み。これに対し、ロータリーエンジンは繭型のケーシング（ローターハウジング）内でおむすび型のローターを回転させ、吸気・圧縮・爆発・排気の工程を繰り返して動力を生み出す。小型で振動が少なく、高出力が得られるのが強みである。

1959年にバンケル型ロータリーエンジンの開発成功が発表されると「夢のエンジン」として世界の注目を集め、バンケルとNSUには世界の約100社から提携の申し込みが殺到。このうち34社が日本企業（トヨタや日産、ヤンマーディーゼルなど）だった。

日本で成功したドイツ人経営者との縁

恒次がこの「夢のエンジン」への関心を抱いたのは、30年来の友人だったドイツ人、W・R・フェルスター（1905〜66年）（＊4）からの一報に心を動かされたからだった。「こういうものに興味があるなら力添えをしよう」と、NSUの手によるロータリーエンジンに関する詳細な情報をドイツから送ってくれたのである。

フェルスターは1930年代前半に来日、東京・大森でタレット（旋回式刃物台）旋盤の工場である「日獨機械製作所」を立ち上げた。第二次大戦開戦後も日本に留まり、工場を従業員数百人規模に成長させ、日本人妻ヒデコとの間に娘も授かった。

恒次との出会いは「日獨機械製作所」の設立間もない頃、同社が製造したミーリングマシン（切削加工機のこと、フライス盤ともいう）を東洋工業が購入したところ、故障が多くてどうしようもない。「手直ししないと、これでは使い物にならない」と苦情を言うと、フェルスター自ら工員を率いて広島の工場に出向き、不良箇所を徹底的に直して帰っていった。その時の真摯な態度と几帳面さに恒次は興味を持ち、信頼するようになった。

日本の企業社会に溶け込み、経営者として大きな成功を収めたフェルスターだったが、ナチスに反目し、日本に逃れてきた無国籍ユダヤ人を救済目的で多数雇用していたことで、当時駐日ドイツ大使館付武官だったヨーゼフ・マイジンガー（1899〜1947年）に目をつけられる。日本赴任前「ワルシャワの大虐殺」など数々のユダヤ人や反ナチス市民の迫害に手を染めていたマイジンガーは、1943年5月に「ソビエトのスパイ」との容疑を捏造し、フェルスターを日本の憲兵隊に逮捕させる。

1年後、フェルスターは日本の裁判で「無罪」となり釈放されるが、その後もマイジンガーの憲兵隊に対する執拗な働きかけで自宅軟禁状態が続いた。1945年5月に反ナチス容疑で再び逮捕されたフェルスターは、終戦まで東京・小石川の収容所に収監。その間に工場も売却を余儀なくされた。

フェルスターの受難はこの後も続く。戦時中、多くのユダヤ人を救い、それが原因で投獄されたにもかかわらず、戦後「ナチス協力者」として告発され、それを信じたダグラス・マッカーサー率いるGHQが財産を没収。1947年8月にフェルスターは家族と共にドイツへ強制送還される。日本の友人や命を救われたユダヤ人らがフェルスターの無罪を訴えたが、その中に恒次も加わっていたのかもしれない。

池田勇人の気遣い

ロータリーエンジンの話に戻ろう。フェルスターからの手紙を受け取った直後のこと、偶然にも当時の駐日西ドイツ大使ヴィルヘルム・ハース（1896〜1981年）が東洋工業の工場見学に訪れた。恒次がこの件を話すと、ハースは「私がよく調べてみましょう」と持ち帰り、その後折り返しの回答があった。「良い技術に目を付けた。すぐにあなたがドイツへ行きなさい」。

こうした経緯で、社長自ら不自由な身体を押し、はるばるドイツ南部のＮＳＵ本社を訪ねることになったのである。恒次の意気込みが尋常でなかったことは、訪問に際し、元首相の吉田茂（１８７８〜１９６７年）から当時の西独首相コンラート・アデナウアー（１８７６〜１９６７年）に宛てた親書を携えて行ったことからも窺える。

そもそもは恒次の渡航を知ったメーンバンクの住友銀行の頭取、堀田庄三（１８９９〜１９９０年）が「ドイツに行くんだったら吉田さんの親書を持って行ってはどうか」と提案したのがきっかけだった。さらに堀田は、この年7月に首相になったばかりの池田勇人（１８９９〜１９６５年）の名を挙げ「君は池田さんと懇意にしているんだから、池田さんを通して吉田さんの親書をもらった方がいい」とアドバイスした。

池田は広島県豊田郡吉名村（現在の竹原市）の生まれで、東洋工業本社のある安芸郡府中町を含む旧広島2区が選挙地盤だった。ただ、恒次がさっそく池田に電話をかけ、堀田の助言通りの頼み事をしたところ「こんなことに政治家を使うな」とけんもほろろに断られた。結局、吉田の親書は堀田が取り付け、出発寸前に届けてくれた。

この話には後日談がある。恒次一行が西独到着後、ボンの日本大使館を訪ねると、意外にも池田からの要請で、館員一同非常によく面倒を見てくれた。一企業の技術提携に

「政治家を使うな」とクギを刺したものの、「トラベラー（旅行者）としての私には最大の手助けをするよう指示が届いていた」と、後に恒次は池田のバランスの取れた心遣いを称賛している。

「1カ月の旅行中、『社運を賭ける』とあれほど言われたロータリーエンジンの話をついに父はしませんでした」と幸はこの時から約60年後のインタビューで長旅をこう振り返っている。1日のスケジュールを終えホテルの部屋へ戻ると、幸は毎晩父の背中をさすってやることにしていた。「足が痛む」と苦しむ恒次を、母がいつもこうやって介抱していたからだ。

22歳の時、恒次は結核性関節炎で左足を付け根から切断。隻脚というハンディを抱えたまま、激務をこなしていた。和服姿が多かったのは義足を付けている時はズボンを穿かない方が楽だったからだが、時折体調が良ければ杖を使わずに歩いていたため、足のことに気づかない人も少なくなかった。

自分に厳しいだけでなく、他人にも厳しかった父・重次郎と異なり、恒次は常に周囲の人々への配慮が細やかだった。皇族から政治家、財界人、さらに芸能人まで交際範囲は幅広く、アフター5の花街通いは欠かさなかった。晩年体力が弱り夜の外出が難しくなると、自宅で〝ホーム・バー〟を開いて来客を歓迎した。そんな「寂しがり屋」の内面は、足の障碍だけでなく、幼くして母と死別し、父は長く不在、最も近い存在だった弟を原爆で失うという度重なる「喪失」と「孤独」によって育まれたように見える。

祖父母に育てられて

恒次が生まれたのは1895年（明治28年）11月24日。出生地は大阪である。父・重次郎はこの年の初め、母・千代の実家である東屋家に婿入りしたばかりだった。重次郎は20歳、千代はさらに歳下。そんな若い夫婦ということもあって、恒次はそれから2年後に生まれる弟の宗彌と共に祖父母の子として育てられ、重次郎は兄と教えられた。

祖父の東屋恒吉は自分の名から「恒」の1字をとって付けるほど初孫の誕生を喜んだが、祖母の愛もひときわ細やかだった。実は、千代は恒吉が外で生ませた娘だった。「自分の連れ合いがよそでつくった娘を引き取って育てながらも、愚痴一つこぼさず円満な家庭をつくっていた」と恒次は母親代わりだった祖母のことを回想している。「若い夫婦はどちらも他所者」という寂しさの半面、それがかえって孫への深い愛情となり、自分たち夫婦の子として入籍させる動機になったのではないか。恒次はそんな推測もしている。

一家の住まいは天満（大阪市北区）にあり、「樋屋奇応丸」で有名な元和8年（1622年）創業の老舗薬店「樋屋」（現在の樋屋製薬）が隣家だった。ただ、その天満の東屋家での一家団欒は長くは続かなかった。

恒次の出生前、重次郎は天満の自宅の裏手で「東屋鉄工所」を開業。当初、経営は上首尾だったが、作業場が手狭なため、安治川（現在の大阪市西区）の方で150坪（約500平方メートル）ほどの工場を借り、50人ほどの職人を雇って一気に拡大路線を突っ走ろうとした。しかし、4月に日清戦争が終わると、景気が暗転し、仕事が激減。東屋鉄工所は1年も保たずに廃業に追い込まれてしまう。

「自分の一大転機である」と勇んで始めた最初の起業が「大失敗」に終わった重次郎は大いに落胆したが、へこたれることなく、その後の身の振り方を恒吉やその兄の村田に相談。2人の故郷で伝手のある長崎へ行き、再起を期すことになった。

翌1896年、重次郎は長崎の三菱造船所で職を得て、その2年後に佐世保の海軍工廠へ移る。一方、恒吉はこの間大阪砲兵工廠の職人頭として請負仕事を続け、東屋鉄工所の失敗で背負った借金をすぐに一掃し、以前にも増して家運を盛り返した。

この頃になると、恒吉は長崎の重次郎に「天満へ戻ってこい」としきりに便りを出していたが、「義父の好意に甘えるばかりでは独立独歩を目指した初志にもとる」と応じる気配はなかった。重次郎の足が大阪に向かなかったのは、長崎へ行って2年目の1897年に次男の宗彌が生まれたものの、妻の千代は産後の肥立ちが悪く早逝してしまう。そのことも理由の1つだったかもしれない。

とはいえ、当時2歳の恒次と生まれてまもない宗彌は、戸籍上は弟になっていても、重次郎の紛れもない息子である。

「父は仕事いちずで、家庭を顧みるような人ではなかった。若かったし、生まれてこの方、祖父母のもとに育ってきた私や弟に対しては、肉親としての別れの感傷もわかなかったのかもしれない。私にも悲しい別離の記憶はない」

恒次は当時の親子関係をこんな風に解釈していた。

「不登校」を理由に、長崎から大阪へ転居

1901年、重次郎は恒吉との養子縁組を解消し、松田姓に戻り、新たに呉海軍工廠の造機部で職を得て広島へ行く。一方、恒次と宗彌は東屋姓のまま、引き続き祖父母の

もとで幼少期を送った。

恒次が小学校に上がるのは翌年だが、その少し前、祖父の恒吉は砲兵工廠の請負制度が廃止になったのを契機に、一家を挙げて長崎へ転居することを決意する。隠居後の日銭稼ぎとして菓子屋を開業し、老後を自分の故郷でのんびり過ごす算段だった。

ところが、根っからの機械好きである恒吉は菓子屋の亭主に収まるにはまだ気力が余っていたのだろう。まもなく老妻と孫2人を長崎に残したまま、自分は四国新居浜（愛媛県）の別子銅山へ出稼ぎに行ってしまった。工廠仕込みの技術屋として腕を高く買われ、現場でも重宝されたらしい。祖父が送った分厚い頑丈な封筒に入った現金が、菓子屋の自宅へよく届いていたのを恒次は覚えていた。

当時の小学校は、4年制の「尋常」と4年制の「高等」の2段階で、恒次は長崎市役所に近い勝山尋常小学校から同高等小学校へ進んだ。だが、高等小学校に進学早々、問題が起きる。ある日掃除当番だった恒次は、担任教師から「棚に置いてあった白墨をわざと濡らしたのはお前だろう」と身に覚えのない悪戯の罪を着せられてしまう。濡れ衣であり、反感を覚えたものの、まだ10歳。大変な剣幕の教師の前では抵抗しようもなかった。

　これをきっかけに恒次は学校へ行くのを拒むようになる。今で言う「不登校」である。心配した祖母は長崎師範学校附属小学校など、転校先を必死で探したが、どこも定員に空きがない。それでも「かわいい孫をなんとか学校に行かせねば」と感じた祖母は最後の手段として、大阪へ恒次を戻すことを思い立つ。ちょうど、大阪には重次郎が呉から舞い戻っていた。中津村で「松田製作所」の社名を付けた鉄工所を立ち上げた頃である。重次郎は再婚し、長女・美重子、次女・敏子という２人の娘も生まれていた。再婚相手は長崎出身で、祖母が自ら重次郎との縁を取り持ったこともあり、恒次を託すのに心の負担は軽かったのかもしれない。

　この時、大阪へ向かう恒次に、祖母は重大な出生の秘密を明かす。

「しょうがない。実をいうと、これまで兄さんと呼んでいた人がお前のほんとの父だ。大阪に落ち着いているからそこへ行こう」

　こう聞かされた恒次は「驚いたというより、きつねにつままれたようだった」と後に振り返っている。

勉強よりも野球に夢中

大阪に戻った恒次は1907年4月から、中津尋常高等小学校へ通うようになる。長崎での「不登校」のため、1年遅れての「再入学」だった。同居の家族は重次郎はじめ、継母と異母妹2人で、自分を含め計5人。恒次は子守りを任され、まだ幼い妹たちを背負い、大阪天満宮の池に亀を見せに行ったりしていた。

そんな時、長崎で祖母と暮らす弟の宗彌のことがしばしば頭に浮かんだ。「寂しがっていないか」「不憫やな」——。こども心にそんな思いがよぎった。

しばらくすると、恒次は父に言われるまま、鉄工所の鍛冶場で鞴《ふいご》を吹くようになった。父と一緒に働けることがうれしかったし、また鞴を吹くことも面白かった。

当時、鉄工所の職人は6人。重次郎は32歳と若かったが、雇っていた職人たちも17歳だった甥（恒次にとっては従兄弟）の松田教治を筆頭に息子のような年齢だった。彼らよりさらに年少だった恒次もその中に混ぜられ、同様に叱られたり殴られたりして、仕事のコツを叩き込まれた。

恒次が高等小学校を卒業したのは1911年3月。次の進学先として大阪市立工業学校（現在の大阪市立都島工業高校）の機械科を選んだ。

確固たる志望校だったわけではない。ちょうど進学先を決める頃、重次郎は香川県南部の満濃池（＊5）のポンプ設置工事を受注し、現地へ長期出張していた。父の不在を良いことに遊んでばかりいた恒次だったが、高等小学校卒業が近づくと「どこか上級学校に入学願書を出しておかないと、帰ってきた時に叱られるぞ」と遊び仲間の友人に言われ「それもそうだ。じゃあ工業学校へでも入っておこうか」といった程度の動機だった。

そんなあやふやな進学理由だったから、当然成績が良いはずもない。国語、英語など「語」が付く科目が苦手で「卒業した時はビリの方」。ただ、数学は得意だったし、こどもの頃から鞴を吹いたり、旋盤作業を見ていたおかげで実習はお手のものだった。

勉強の代わりに、夢中でやったのが野球である。恒次が工業学校を卒業する1915年8月に朝日新聞社が大阪の豊中グラウンドで第1回全国中等学校優勝野球大会（現在の全国高等学校野球選手権大会、「夏の甲子園」）を開催。野球人気が全国的に高まっていった頃だった。

恒次は工業学校の野球部に4年間籍を置き、レギュラーを目指し懸命に練習したが、試合ではベンチを温める方が多く、それで次第に野球部のマネージャー役を引き受けるようになった。戦後プロ野球松竹ロビンス監督などを歴任し、またＮＨＫの野球解説で「まあなんと申しましょうか」という独特の語り口で人気を集めた小西得郎（１８９６～１９７７年）は明治大学野球部在籍時に工業学校時代の恒次と面識があった。当時、東京六大学野球の選手といえば全国的なスターであり、遠征試合も数多くこなしていた。地方の学生チームにとっては六大学との対抗戦は「夢の舞台」であり、人脈を駆使して試合を企画していた。学生時代から顔の広さで知られた小西とパイプを築いていたあたり、恒次が選手としてより、マネジメントの方の才に恵まれていたのは間違いないようだ。

親のスネかじり生活

工業学校卒業後、恒次は陸軍の宇治火薬製造所（京都府）に就職する。陸軍といえば、父・重次郎も、祖父・恒吉も大阪砲兵工廠に勤務経験があった。その年、大阪市立工業学校から同製造所に入ったのは恒次ひとりだったというから、成績が「ビリの方」でも就職できたのは父と祖父の経歴や人脈のおかげだったのかもしれない。

火薬製造所で恒次に与えられた仕事は製造設備の図面を描く設計係。月給は12円程度で恵まれた方だったが、大都会だった大阪や世界の大型船が頻繁に航行する港町の長崎で育った恒次から見れば、当時の宇治は人家もまばらであまりに辺鄙に感じた。先輩と2人で布団屋の2階に下宿していたが、退屈で侘しい毎日に耐え切れず、1年も経たないうちに逃げ出してしまった。

この頃、重次郎はロシア政府から砲弾の信管を大量受注し、製造するための巨大工場を梅田に短期間で建設。その手際の良さが評判になり「大正の今太閤」と称賛を浴びていた。宇治火薬製造所からホームシックで逃げ帰った恒次は、多忙を極める重次郎の世話係、今でいう秘書業務を言いつけられた。

ただ、一世一代の大事業を進めていた重次郎は事業の資金繰りや日露両政府への経過報告などで東京への出張も多く、大阪の自宅に不在の日も多かった。遊び盛りの恒次はこれ幸いと夜遊びや娯楽場通いを繰り返した。中でも夢中になったのが、恒次が工業学校を卒業する1年前に旗揚げした「宝塚少女歌劇団」である。

遊び仲間と連れ立って、恒次は熱心に劇場に通った。当時は、劇団の創立者である小林一三（1873〜1957年）もよく客席に顔を出し、舞台を観ながら「どうだい、このやつはどう思うかい」などと恒次たち若い客に感想を尋ねていた。

天満の家から宝塚へ向かう途中に父の会社である松田製作所（1916年に日本兵器製造に社名変更）があり、恒次は劇場通いの資金が乏しくなると、会社に立ち寄り、親しかった工務部長をこっそり訪ね、毎回5円ほど拝借して宝塚へ足を運んだ。

こうした遊ぶカネ欲しさに、恒次は何度ねだったのか分からないほど借金を積み上げた。後にこの件はある支配人が洗いざらい報告して重次郎の知るところとなり、父親として全額を弁済することになった。

片足を切断

恒次が左足に痛みを感じ始めたのは、こんな自堕落な生活を続けていた頃だった。次第に痛みは増し、西条（現在の広島県東広島市）や別府（大分県）などの温泉地へ療養にも行ったが、効果はない。医師から「結核性関節炎」と診断されたのは、徴兵検査を目前に控えた頃である。恒次は22歳になろうとしていた。

結核菌は多くの場合、肺に感染して発症するが、稀に血液などを介して関節へと波及することがある。病気の進行が緩やかなため、しばしば発見・診断が遅れるが、さすがに「結核性」との診断が下ると、放ってはおけない。すぐに絹笠町（現在の大阪市北区西天満付近）にあった「大阪回生病院」に入院した。

入院当初、硬直していた左足について、医師の見立ては「治療すればば曲がるようになるだろう」と楽観的だったが、実際に加療しても効果はなく、数カ月後には「手遅れだった。足は切断しなければ」と宣告されてしまう。「身の凍る思いがした。青春の希望は無残に打ち砕かれた」とこの時の心境を恒次は綴っている。

切断手術は1度で終わらず、都合3度にわたった。それに立ち会ったのが学生時代から亡くなるまで恒次の生涯の友だった二宮矢。その二宮の回顧談が、手術を受けた際の恒次の様子を如実に伝えている。

「私は手術室の小さな窓から覗いていたんですが、骨を切る音が聞こえてくるような気がして、どうしてもそこにいられませんでした。病室へ帰って待っていましたが、しばらくして松田君が眠ったまま帰されて来ました。あまり長い間目を覚さないので『こいつ死ぬんじゃないだろうか』と本気で思いました」

「目を覚ましたあとの第一声というのは、今でも覚えています。『二宮か、足の先がかゆい。かいてくれや』と言うんです。まだ意識がはっきりしていなかったのでしょうか。切断した方の足の先をかいてくれというのです。『足ありゃせんのにかけるか』とは言えませんでした。だまって包帯のあたりをさすってやりました。『ああ、いい気持ちゃ』と言っていました」

3度目の手術は1918年1月17日。「貫一とお宮の別れた日に、私は左足と永遠に別れた」と恒次は記している。尾崎紅葉の人気小説『金色夜叉』で、主人公の間貫一が熱海海岸で許嫁の鴫沢宮に別れを告げたのがまさに1月17日だった。何度も映画化され、「来年の今月今夜のこの月を僕の涙で曇らせてみせる」という貫一の別れの台詞は一世を風靡した。恒次は1年3カ月に及んだ入院生活で一時は死も覚悟し、絶望に打ちひしがれながら、そんな日付の偶然に慰めを見出していた。

兄弟二人で商売を始める

父の重次郎は発病当初、足の痛みを訴える恒次に対し「夜遊びしては遅くなり、門を飛び越して家に入ってくるからだ」と冷ややかだった。この頃、重次郎は自ら創業した日本兵器製造の役員陣の裏切りによって会社を追われ、再起を目指し故郷広島で新たな「松田製作所」を立ち上げていた。

しかし、この新会社も内紛や資金不足で経営が安定せず、日本製鋼所との提携を機に

「広島製作所」に社名を改め、出直しを図ろうとしていた。事業の挫折と長男の大病が重なり、重次郎にとって心穏やかならざる日が続いていた。

ただ、この年の夏、退院した恒次が松葉杖をつきながら、重次郎が広島の向洋に構えた家へやって来ると、さすがの厳父も表情を和らげた。友人たちは「手先が器用なのだから彫金師にでもなったらどうか」などと勧めてくれたが、重次郎はとりあえず療養を続けるように命じた。この向洋の家には重次郎の母リヨが同居していた。大病を患った孫のため、腕によりを掛け、名物のこがい（あさり貝）や芋の混ぜご飯を振る舞ってくれた。

向洋での3世代同居は1年足らずで終わる。体力が回復し、義足にも馴れた恒次は大阪に戻ることになった。重次郎は息子のために「松田重次郎商店」を設立。当時大阪屈指のビジネス街だった旧川口居留地の近くに事務所を開き、恒次をそこの支配人に据えた。この「重次郎商店」には、長崎から上ってきた2歳下の弟、宗彌も加わった。業務は広島製作所の製品販売や日本製鋼所に納入する機材の調達、広島産の砥石の販売など。さほど脈絡があるわけでもなく、要するに「兄弟二人で商売をやってみろ」という課題実習のようなものだった。

二人の息子にとって最初の事業だったが、重次郎は決して甘くなかった。カネを自由には使わせず、商売で資金が必要になると、二人は加島銀行でその都度借金をし、入金後に返却することを繰り返した。重次郎は「担保」代わりに一定額を口座に預金し、銀行との貸し借りがスムーズに行くように配慮していた。一時的にせよ、借金をさせることで、本来不要な金利が発生するが、「借りたカネは返さねばならない、という責任を息子たちに自覚させたい」という狙いが背後にあった。

こうした父の期待に応えようと、恒次と宗彌は頑張った。だが、若さゆえの落とし穴が待ち受けていた。当時「請負師」と呼ばれたブローカーが持ち込んだ大型商談があった。富山電気軌道（富山地方鉄道の前身）の路面電車用レールの納入案件で「金額は店（「重次郎商店」）の資本金を超えていた」。二人は果敢に受注したものの、納入前に請負師が破産。莫大な損失を被ってしまった。

こんな失敗もあって、青年期の恒次に対する重次郎の評価は芳しくなかった。それでも片足を失った息子を不憫に思う気持ちは失っていなかったように見えたのだが、ある出来事をきっかけに重次郎は恒次を勘当同然にしてしまう。発端は恒次の結婚だった。

重次郎、恒次の結婚に大激怒

左足切断から3年後の１９２１年、恒次は手術を受けた大阪回生病院の看護師だった源美佐子を妻に迎えた。工業学校時代、前出の二宮によると「校内一のシャレ者で、近隣の女学生にずいぶん人気があった」という恒次だったが、大病の後は、結婚を考えると暗い思いに沈むようになった。「自分は片足をなくしているのだというコンプレックスが始終つきまとって、私をさいなみ続けた」と当時の心境を後に明かしている。

ある時恒次は、その頃重次郎の下に嫁いできたワサという女性に自分の結婚について相談したことがあった。２人の妹を生んだ後妻が亡くなり、その後釜に入った重次郎にとって３人目の妻だった。この時代、こどもの縁談を取り仕切るのは母の役割である。ところが、気性の激しかったその継母は、恒次の相談に対し、こんな返事を投げ返した。

「あんたはうちの子やない。そやよって、嫁はんは自分で適当に探しなはれ」

この継母が「あんたはうちの子やない」と言ったのは、当時恒次が松田姓ではなく、出生時の東屋の名字を名乗っていたからだった。

重次郎は恩人だった岳父の恒吉に不義理をして東屋の家を出た負い目からか、養子縁組解消後、自分は松田姓に戻した一方、恒次と宗彌の姓を東屋のままにしていた。後に重次郎は恒次に先んじて宗彌を松田姓に戻して戸籍に入れ「長男」としたため、松田家の跡取りを宗彌と思い込む人も少なくなかった。

縁談の件で継母から冷たく突き放された恒次は、やむなく自分で伴侶を探した。回生病院に入院していた当時、3歳下の美佐子は小児科の看護師であり、恒次と直接の接点はなく「廊下で会えば軽く会釈する程度の、ほんの顔見知り」だった。ただ、気立ての良さや端麗な容姿を気に入った恒次は、広島から大阪に戻り、体調も回復してきた頃を見計らい、結婚を申し込んだ。「片足のない青年のところへ嫁に来てくれる娘なんかいやしない」という自分のコンプレックスをなんとか心の奥底に封じ込めてのプロポーズだった。

意外にも、美佐子の答えは「イエス」だった。しかし、これで丸く収まりはしない。「お嫁に行きます」という返事に喜びあふれる恒次が実家へ報告に行くと、予想外の反応が待ち受けていた。「ワシの知らん女子《おなご》といっしょになった」と重次郎が激怒したのである。「嫁はんは自分で探しなはれ」という継母の言葉に従って、苦労して結婚相手を見つけたのに、父は「勝手に縁談を決めた」と頭ごなしに責めてくる。これでは立つ瀬がない。

それでも恒次は、こんな自分のところへ嫁いでくれるという美佐子と別れるつもりはなかった。結婚式は新婦の実家、源家の親類宅で挙げた。列席者は美佐子の両親と親戚、恒次の友人のみで、松田家側の出席者はゼロという「寂しい」ものになった。結婚の翌年1月に長男の耕平が誕生するが、勘当になった恒次は経済的に困窮。それを聞きつけた秘書が重次郎を説得し、生活費を送ってくれて、かろうじて急場を凌いだこともあった。

その後、恒次は友人とともに当時「ラジオレーヤー」と呼ばれていた高周波電気医療器具を作る会社「二葉商会」を立ち上げたりするが、業績は捗々しくなかった。結局、その事業にも見切りをつけ、どうにもこうにも行き詰まった恒次は家族を伴い、思い切って広島の父を頼る決意をする。

結婚時と同様の冷たい仕打ちを覚悟していた恒次だったが、予想に反し、3歳になった耕平を間近に見ると、重次郎は相好を崩して孫の来訪を喜んだ。そして、すぐに広島市内上流川町の自分の住まいに近い貸家を借り、恒次一家を住まわせた。

【注】

（＊1）NSU社＝ドイツ南部バーデン＝ヴュルテンベルク州の都市ネッカーズルムで1873年に創業したニット編み機メーカー「ネッカーズルム編機」が前身。1892年からオートバイ製造、1905年から自動車製造に進出した。1969年にフォルクス・ワーゲン（VW）の傘下に入り、同じVW系のアウディに吸収合併された。

（＊2）トヨタ自動車工業＝トヨタ車の製造会社。1982年にトヨタ自動車販売と合併し、現在のトヨタ自動車に。

（＊3）機械工業振興臨時措置法＝いわゆる「機振法」は、1956年に成立した「第1次機振法」をはじめ、貿易自由化対応のため1961年に改正された「第2次」、輸出振興を目的にした1966年の「第3次」があり、この項では「第1次」を取り上げる。

（＊4）ヴィリー・ルドルフ・フェルスター＝本人が戦前使っていた日本語の名刺は「日獨機械製作所所長　W・R・フオルスター」という表記で、恒次も「フォルスター君」と呼んでいた。

（＊5）満濃池＝香川県仲多度郡まんのう町にある日本最大の灌漑用ため池。周囲約20キロ。8世紀に讃岐国守の命で築かれ、9世紀に築池別当として派遣された空海が改修したといわれている。1905〜06年に第1次嵩上げ工事が実施された。

第4章　東洋コルク工業発足

　1919年（大正8年）11月、松田重次郎が設立間もない広島製作所の常務を辞任し、日本製鋼所に経営権を譲渡したことはすでに触れた。その後、広島財界の依頼で地元企業の出資者になったり、役員を引き受けたり、本人の弁によると「19社に関係し、5社の重役を引き受けることになった」（『東洋工業と松田重次郎』）。その中の1社に「清谷商会」という会社があった。

「清谷商会」は明治初期からコルクの製造販売を手がけ、広島市内の中島新町（現在の中区中島町、平和記念公園の南側）にコルク壜栓工場を保有し、手広く事業を展開していた。ところが、コルクの需要は旺盛というのに、業績はさっぱり。というのも、工場は創業家の当主・清谷角八による個人経営で、責任者が週に1、2度しか出勤せず、監視の目も行き届かなかったからだ。このため、統制が取れず、赤字を垂れ流し続けていた。

慢性的な資金不足に陥っていた清谷商会は、工場を担保に当時まだ広島貯蓄銀行の名称だった「広島産業銀行」(＊1)から借金を重ねた。それが積もり積もって膨れ上がり、1919年の年末には「銀行への返済能力なし」とみなされるようになっていた。多額の焦げ付きに恐れをなした産銀頭取の海塚新八(＊2)は、貸出金回収のため、清谷商会の事業部門を切り離し、会社組織として再建することを決める。

大戦景気に乗じた起業ブームは広島にも波及していた。1919年末時点の「会社通覧」に掲載されていた広島県内工業会社(合資、合名を含む)295社のうち、1916年以降に設立された会社が174社と全体の約6割に達していた。いわゆる「大正バブル」に日本中の実業家や金融機関が浮かれていたのである。

産銀も例外ではなかった。バブルの後始末に着手したのは日銀が1919年末に金融引き締めに動いてからであり、遅まきながら業績不振企業や問題債権の整理を始めた。こうした危機感の乏しさが後に銀行自体の経営不安に結びついていく。

1920年1月、清谷商会の再建受け皿会社として「東洋コルク工業」が発足する。初代社長には海塚が就任し、工業分野の会社ということで、重次郎が取締役として担ぎ出され、出資者にも加えられた。

矢継ぎ早に新手を繰り出す

さて、再建を託された重次郎がこの会社の状況を調べてみると、問題点が次々に明らかになる。会社の借金には、工場の担保に加えて重役陣の個人保証が付いているケースがあり、万一倒産の事態に至ると、株主としての出資金が無価値になるだけでなく、役員自ら債務返済を迫られる可能性があった。

一方、事業の方はコルク素材の壜栓の製造一本槍で、発展性がなかった。当時、壜栓の原料は輸入コルクガシや国産アベマキ（別名コルククヌギ）が中心だったが、どちらも製造過程で大量の樹皮が排出され、その樹皮が工場脇に山のように積まれているのを重次郎は見ていた。同業の大手メーカーはすでにこれらの樹皮を粉砕機にかけ、そこから出てくる粒状のコルク粉に糊を混ぜ、圧縮・加熱して成型する「圧縮コルク」の製造に乗り出していた。

重次郎はまず、今後は圧縮コルクの製造にも手を広げ、さらにコルク粉などを原料にした建材であるリノリウムの製造にまで進出したい、そのためにすぐにでも工場を拡張する必要がある、と海塚はじめ新生・東洋コルク工業の役員陣に提案。それが受け入れられると、新工場の建設用地を探し、中島新町の本社から南へ2キロほど下った吉島町に適地を見つけた。

重次郎の動きは素早い。取締役就任から3カ月後に本社を中島新町から吉島町に移し、矢継ぎ早に新工場を稼働させた。重次郎を「頼むに足る」と判断した役員陣は会社発足から1年半後の1921年7月、海塚に代わって重次郎を社長に据え、会社の舵取りを委ねることにした。

「経営者は現場に足を運べ」が信条の重次郎は自ら先頭に立ち、圧縮コルクの試作に取り組んだ。まず必要だったのは粒状のコルク粉を混ぜ合わせる際の接着剤、つまり糊だった。「化学の専門知識がなかった」ため、重次郎は開校したばかりの広島高等工業学校（広島大学工学部の前身）で応用化学科長を務めていた教授の西垣忠次郎と助教授の森行直を訪ね、廉価で高性能の糊の共同研究・開発を依頼することにした。

以後、東洋コルク工業は同校と連携し、当時新素材だったユリア（尿素）樹脂やフェノール樹脂から、大豆汁、牛乳、こんにゃく粉などまで、様々な原料を使った接着剤の開発を試みた。だが、初期の試作はいずれも失敗に終わる。共同研究着手から1年近くが経過し、社内が重い空気に包まれていた頃、ブレークスルーはひょんなことから生まれた。

ケガの功名で生まれた新製品

ある日、ボイラー室から社員が1人、大声を上げながら重次郎の執務室へ駆け込んできた。

「社長！　大変です。ボイラーを焚き過ぎて火事になっています。ただ、なんだか妙なんです……」

「アホッ、なにをボヤボヤしとるんじゃ、早く消さないかんだろうが」

重次郎は飛んで行ったが、その社員の言う通り、奇妙な光景に遭遇した。

火に煽られ溶けてしまっていると思っていたコルク板が、加熱で変色しているものの、糊を混ぜ合わせた時よりもしっかりと固着していたのである。

さっそく広島高工に送って実験したところ、申し分のない強度が証明され、さらに念のため農商務省の大阪工業試験所に依頼した試験でも効果を確認できた。偶然の産物「炭化コルク」の完成だった。

コルクはかつて壜栓や煙草盆、敷物程度しか需要がなかったが、日露戦争時、日本海海戦で航行不能になったロシア戦艦オリョールを舞鶴海軍工廠で解体した際、火薬貯蔵庫の周囲がすべてコルク張りだったことで、初めて日本でも熱や湿気の遮断・絶縁といったコルクの特徴が認識されるようになった。呉や佐世保の工廠勤務が長く、海軍の人脈も豊富な重次郎が当時のコルク需要を知らないはずがない。吉島町の新工場拡張計画が進む中、重次郎は海軍から大量の圧縮コルク板の注文を取り付けていた。

ところが、新開発の炭化コルクを海軍に納入したところ「こんなに焦げて赤茶けているのは不良品に違いない。受け取ることはできない」と拒絶されてしまった。重次郎は社員を派遣し、広島高工や大阪工業試験所での試験結果を説明させたが、海軍側は頑として態度を変えない。

やむなくこの時の納入は断念したが、諦め切れない重次郎は、呉海軍工廠から独立したばかりの広支廠（後の広海軍工廠）の研究部員だった旧知の堀田大佐に現物を送り、性能や出来栄えを試してもらうことにした。それから間もなく、宇品造船所の進水式でたまたま顔を合わせた堀田大佐は重次郎を見かけるなり、こう声をかけてきた。

「この間のコルク板は良かったぞ。どうやって拵えたんだ」

狙いは当たった。重次郎は「善は急げ」とばかり、その帰途、堀田大佐を東洋コルクの工場へ招き、炭化コルクの製造工程を見てもらい、海軍から納品を拒絶された一件を説明した。同情した大佐は広支廠での試験結果を海軍当局へ通告してくれ、その後炭化コルクの納品に支障はなくなった。

急激に伸び始めた売上

民間でも似たような出来事があった。当時、冷蔵物流の一大拠点だった九州の門司（福岡県）には製氷会社や冷蔵庫メーカー、関連商社などが集積していたが、炭化コルクの開発当初、これらの企業は性能を信用してくれなかった。

重次郎が頭を悩ませていた頃、かねて親交のあった日東製氷（後の大日本製氷、現・ニチレイの前身）社長、和合英太郎（1869～1939年）が米国視察から帰国してきた。和合は重次郎の生まれ故郷である向洋に近い比治山（現在の広島市南区）の出身で、天然氷に代わる機械製氷にいち早く進出し、後に「日本の製氷業のパイオニア」と呼ばれるようになる実業家だ。その和合が重次郎を訪ねてくる早々「アメリカでは圧搾コルクに焦がした材料を使って、皆成功しているよ」と言い、「これが見本だよ」と見せてくれた。「いや、それならウチでもすでにやっているよ。それ、この通り」

そう言って、重次郎が東洋コルクの新製品を見せると、和合は驚き、大いに喜んでくれた。そして、至る所で「炭化コルクは素晴らしい」と説明してくれたのである。業界の第一人者である和合の言葉は絶大な効果があった。

1922年上半期に3万1千円（現在の約1660万円）だった東洋コルクの売上高は、同年下半期に5万円、1923年上半期に10万円と伸びていく。工場も順次拡張し、そこへバキューム乾燥装置、火熱乾燥装置、第2乾燥炉など新型機械・設備を次々に導入。これは〝機械好き〟、時には〝機械道楽〟とまでいわれた重次郎にとって、必要不可欠な投資だったが、その分、資金繰りは楽ではなかった。

重次郎は、工場経営が「天職」であると自負していた。前述のように、広島財界から請われ数多くの地元企業の経営に関与することになったのだが、そのうちの1社、宇品造船所でのこと。この会社は重次郎を監査役に据えたいと言ってきた。それが癇に障った。

「技術者を監査役とは何事だ！」と烈火の如く怒ったと、その場に居合わせた恒次が後年、父親の信念を象徴するエピソードとして語っている。帳簿を見るだけの仕事に祭り上げられることに我慢がならなかったし「自分は現役の工場経営者だ」との思いもあった。その思いがあったからこそ、重次郎は「火中の栗を拾う」ことも厭わず、借金だらけの東洋コルク工業の経営を引き受けたのだ。

個人資産はすってんてんに

苦心の末に開発した「炭化コルク」の成功で会社は成長軌道に乗った。本来なら、次なる成長に向け、私費を投じてでも事業を拡大したいところだったが、この時期、重次郎の手元にはキャッシュがなかった。1920年（大正9年）3月15日の株価大暴落、いわゆる「大正バブルの崩壊」によって、重次郎は莫大な損失を被り、個人資産の大半を失ってしまったのだ。その顚末について、本人自ら痛恨の極みとし、述懐している。

「当時、私の周囲には株屋なども群がっていて、実は、誰にも秘密だったが、私は儲けようとの心で、生涯はじめて株に手を出した。すると、あの暴落。私は元も子も無くした。その金額たるや、日本製鋼所の土地を買い戻せるほどの高だったが、殆どを吐き出してしまった。株屋の口に乗った私もどうかしていたが、あちこちの会社に関係していい気になり、自分で働いて事業を伸ばそうともしなかった当時の私は、いちばん恥ずかしい。わが人生、最大の失敗だと思う。このとき、やはり一人一業であると深く反省させられた」

この後、重次郎は「一人一業」を守り抜いたが、一方で慢性的な資金不足に終生悩まされることになる。

東洋コルク工業発足から3年後、大きな資金繰り危機に見舞われる。きっかけは1923年9月1日の関東大震災だった。推定マグニチュード7・9の大地震が首都圏と東海地方を襲い、死者・行方不明者約10万5千人、全潰全焼流出家屋約30万世帯という甚大な被害を出した。東京の首都機能は麻痺。震災後の復興事業の財政負担も重くのしかかり、大正バブル崩壊で沈滞ムードだった日本経済を一段と苦境に追い込んだ。

東洋コルク工業も例外ではなかった。冷蔵庫メーカーや製氷会社などコルクの大口需要先からの入金が次々に滞ったばかりでなく、震災後の経済不安を反映し、これらの企業の設備投資計画が翌1924年にかけて軒並み中止に追い込まれた。

危機を救ったアメリカ帰りの起業家

それでも重次郎は屈することなく、自分と同様に前を向き、仕事に邁進する顧客を探し求めた。数々の挫折や失敗を経験した重次郎は、ひたすら前に進むことが苦境を克服する唯一の方法であることを自覚していた。そんな中で出会ったのがアメリカ帰りの起業家で後に政治家（衆院議員）にもなった葛原猪平（1879〜1942年）である。

山口県吉敷郡小郡村（現在の山口市）生まれの葛原は、旧制高等商業学校（一橋大学の前身）卒業後渡米し、ペンシルベニア、ウィスコンシン、コロンビアの3大学で政治経済学を学んだ。ニューヨークで貿易会社に勤務した後に帰国し、1908年に貿易業の「葛原商会」を立ち上げる。

米国留学中、第一次大戦時の物流停止によって起きた世界的な食糧難を見て、問題解決には海産魚類の冷凍保存が必要と思い立つ。1920年9月に北海道茅部郡森町で凍結室3室、冷蔵庫3室、米国製木炭ガス原動機などを備えた「日本初の本格的な冷凍工場」を建設。翌年からサケ、マグロ、ブリ、イカなど冷凍魚の東京への出荷を始め、1922年に葛原冷蔵株式会社を設立した。

関東大震災に際し、葛原は北海道から冷凍魚を大量に東京に運び、被災者に無料で配布したほか、新たな試みとして、魚を冷凍した後に粉末にし、さらに固形化する保存食製法を考案した。魚の頭も骨も臓腑もみな混ぜ合わせるので「栄養価が高い」というのが宣伝文句で、葛原はこの粉末食製造のために冷凍庫や冷蔵庫用のコルク板を重次郎から大量に買ってくれた。

だが、葛原の冷凍事業は長くは続かなかった。当時の日本人はまだ冷凍食や加工食に抵抗があり、鮮魚の方を好んだのに加え、北洋漁業は収穫量の繁閑の差が大きく、経営が安定しなかった。1925年5月、葛原冷蔵は会社整理が決まり、翌年3月「東洋冷蔵」（現在の東洋冷蔵株式会社とは別会社）に商号変更した後、日魯漁業（マルハニチロの前身）に買収された。

葛原冷蔵のコルク需要で一息ついたのも束の間、それも長くは続かず、抜本的な資金繰り改善には程遠かった。重次郎は主要取引銀行を訪ね歩いたが、震災手形の乱発が引き金になった昭和金融恐慌が吹き荒れる中、貸し出しに応じる銀行はなく、東洋コルク工業のバックボーンでもあった広島産業銀行は取引先の資金繰りを支援するどころか、銀行自身が1927年末に破綻に追い込まれてしまう。

東洋コルク「真の救世主」野口遵

そんな中、重次郎と東洋コルク工業にとって真の「救世主」となったのが、「日本窒素肥料」（チッソの前身）社長だった野口遵（1873～1944年）だった。

旧加賀藩士の長男として生まれた野口は１８９６年に帝国大学工科大学電気工学科（東京大学工学部電気電子工学科の前身）を卒業後、郡山電灯（福島県）の技師長となり、カーバイド（炭化カルシウム）の研究を通じ、電力を活用した化学工業を日本に導入することを思い立つ。１９０８年にドイツから石灰窒素の製造特許を取得し「日本窒素肥料」を設立。熊本県葦北郡水俣村（現在の水俣市）の工場でカーバイド生産を始めた。

その後、イタリアから技術導入したアンモニア合成やドイツ発祥の再生繊維「ベンベルグ絹糸」の製造を事業化した「旭絹織」（旭化成の前身、設立は１９２２年）、カーバイドや石灰窒素を製造する「信越窒素肥料」（信越化学工業の前身、同１９２６年）などを次々に立ち上げた。

野口は事業の源泉となる電力事業にも力を注いだ。１９０６年に鹿児島県伊佐郡大口村（現在の伊佐市）の牛尾大口金山に電力を送る曾木発電所を造ったのを手始めに、１９２６年に「朝鮮水電」を設立し、朝鮮半島北部鴨緑江支流の赴戦江《プチョンカン》に水力発電所を建設。翌年この電力を活用する事業会社「朝鮮窒素肥料」を立ち上げた。赴戦江の流れを堰き止めたこのダムは約24平方キロと東京の品川区（約23平方キロ）に匹敵する面積を持ち、豊富な水量でつくった電力の供給を１９２９年から開始する。

続いて、近隣の長津江《チャンチンカン》、虚川江《フオチョンカン》にも水力発電所を建設し、これら発電所から送電線で結ばれた興南《フンナム》区域一帯で、硫安（硫酸アンモニウム）や硝酸を中心とする肥料工場から、油脂、火薬、マグネシウム、石灰窒素などに至る大規模化学工業地帯を築き上げた。

さらに野口は、日中戦争が始まった１９３７年には、朝鮮総督府と満州国政府（中国東北部）の国境を流れる鴨緑江に当時世界最高レベルとされた出力10万キロワットの発電機を７台備えた水豊《スプン》発電所の建設に着手。湖水面積（３４５平方キロ）が琵琶湖の半分という巨大ダムは、１９４１年から送電を始めたが、この水豊発電所は現在も稼働し、中国への売電で朝鮮民主主義人民共和国（北朝鮮）にとって貴重な外貨獲得手段になっている。

朝鮮戦争で興南区域は北進した韓国軍・国連軍に一時占領されたが、後に北朝鮮が奪還した。休戦後に国連軍がまとめたレポートでは、日本統治下で進められた興南区域の開発は米大統領フランクリン・ルーズベルト（１８８２〜１９４５年）がニューディール政策の目玉プロジェクトとしたＴＶＡ（テネシー川流域開発公社）に匹敵すると指摘。当時の米国メディアは「この事業が、野口遵という一人の実業家とそのグループの手により成し遂げられたことは、奇跡に近い」と報じた。

野口は広島との縁も深かった。中国山地を起点にした河川は急峻で水力発電の適地が多く、野口は太田川水系の電源開発を目論み、１９１４年6月に広島電灯（中国電力の前身の1つ）の取締役に就任。１９１９年9月には、それまで広島電灯が単独で保有していた太田川水系の水利用権を日本窒素肥料との共有名義にするとともに、野口自身が広島に移住し、「中国地方の電力統一による一大化学工場の建設」に乗り出した（大塩武「第一次世界大戦後の野口遵」明治学院大学経済研究、２０２０年）。

しかし、この「中国地方の一大化学工場」構想は、広島呉電力との合併問題などを巡る内紛で野口が１９２０年10月に広島電灯の取締役を辞任したことで、あっけなく葬られる。広島では、日窒を前身とするチッソが戦後起こした水俣病を引き合いに「まかり間違えば、ここが公害の悲劇に見舞われていたかもしれない」とも囁かれた。

野口が広島電灯の経営陣から追われたのは、外来者が主導権を握ることに難色を示す広島人の排他的気質が背景にあるとも言われた。ただ、その後も野口は広島と関係を断つことはなく、頼りにされれば喜んで応じ、例えば、１９２９年に米穀商の熊谷直一が百貨店「福屋」を創業した際には資金面でバックアップしている。重次郎率いる東洋コルク工業へ支援の手を差し伸べたのも、有為の起業家を助けたいとの思いからだった。

関東大震災後の不況で東洋コルク工業の資金繰りは逼迫の度合いを一段と高めていた。借り入れ先を探して奔走していたある時、重次郎は当時塚本町（現在の広島市中区土橋町周辺）で砂糖・澱粉販売業「鈴木商店」を営んでいた鈴木栄助から「資金力のある財界有力者」として野口を紹介された。鈴木はかつて松田製作所の監査役をしていた時期があり、重次郎とは旧知の間柄だった。

野口は重次郎の話を聞いただけで、3万円（現在の約1600万円）を貸してくれた。野口の思い切りの良さにいたく心を動かされた重次郎は「ならばいっそのこと」と改めて多額の融資を頼み込むことにした。もちろん、前と同じように口頭で、というわけにはいかない。東洋コルクの工場に出向いてもらい、会社の基本方針を丁寧に説明し、隅々まで現場を検分してもらってのことだ。

「よろしい、おやんなさい。カネは出しましょう」

野口は再び快諾した。これ以後、重次郎は私生活の事柄も含めて野口を相談相手にするようになり、2人の仲は急接近していく。

万策尽きて、南米移住を考える

ただ、震災後の景気は容易に回復せずむしろ下降気味になり、1924年下半期に17万円（約8600万円）だった東洋コルクの売上高は、1925年上半期には9万円へ大幅に減少。5月末決算で初めて赤字に転落し、6月初めにはやむなく全工員88人のうち半数の解雇を決定した。会社からの指名ではなく、公平を期すため、抽選で解雇者を決めたという。

凶事はさらに重なる。1925年12月5日未明、吉島町の東洋コルク本社工場内にある製品倉庫を火元とする火災が発生し、折からの強風に煽られ、工場の大半を焼失してしまった。当時の新聞記事は以下のように伝えている。

「今暁三時間にわたって、東洋コルク会社焼く。倉庫にギッシリと詰った製品四十五万円、烏有《うゆう》に帰し、総損害五十余万円。不況を斬り抜け、漸く順調に向ふ。其の矢先に此災難」

〝苦難に屈せず〟を信条とした重次郎もさすがにこの火災はこたえた。とりわけ、火災で倒れた煙突の下敷きになって小松平馬という従業員が死亡したことが心の大きな重しとなった。気力を失い、絶望に苛まれた重次郎は広島から、さらに日本から脱出したいという妄想に囚われる。

「万策尽きて遂に私は16万円で家財を野口氏に買い取ってもらうことにした。そしてその金で南米へ行こうと決心した」

自伝で当時の心境をこう記している。

なぜ、南米へ行こうとしたのか。海外移住が盛んだった広島には南米帰りの人間が多く居て、当地の様子を詳しく語ってくれる。重次郎もたくさん体験談を聞いたが、その中でも、現地特有の事情に興味を掻き立てられた。

南米はコーヒー、ココアの原産地であり、ゴムやマホガニー、キナなど加工品材料となる樹木の栽培も盛んだ。一方で現地住民には商売感覚や知識が行き渡らず、サトウキビは大量に収穫できるのに精製設備がないため白砂糖を作れない、石灰石は豊富に産出されるのに機械がないからセメントにできない。

「自分ならば、『夢の資源国』に行って成功できる。いっそのこと、日本を脱出して新境地を開拓しよう」

震災以降、苦境が高じるにつれ、重次郎はこんな思いを巡らせ、実際に片言の英語をしゃべったり、「ブラジルへ行くなら馬くらいに乗れなきゃいかん」と言って乗馬の練習に精を出したりしていた。

裸一貫で出直す

ただ、この南米への脱出計画は夢に終わる。野口は確かに自宅を担保に16万円（現在の約9300万円）を融資してくれたが、重次郎は個人保証で借金をしていたため、そのカネはすべて債権者に渡さねばならなかった。進退きわまった重次郎は、ここで沈思黙考する。工場火災で犠牲になった従業員の霊を慰めるため、焼け跡に小さな神社をつくったことをきっかけに、自分の半生を省みたのである。

この年、重次郎は50歳になった。

「今までの私は仕事を愛し、仕事そのもので生きてきた。然るにいつの間にか、仕事するおもしろさよりも、金儲けをするおもしろさのほうに傾いてきた。金儲けに走ったのは天命にそむいたのだ。こんどの火事で裸一貫になったのは、天が私を罰したのだ。私は出直そう。そして仕事の人柱となろう」

まさに「裸一貫」だった。

工場火災の後、藝備銀行の営業部長から「会社が焼けて保険金が入るはず。そのうち2万円は委任状を付けて渡してもらいたい」との申し入れがあった。重次郎は「当然のことです」とすぐに手続きをした。借金の担保として自宅も野口に明け渡してあり、こうして重次郎はすべてを投げ出す形になったが、仕事を投げ出すことはできない。働かなければ生き甲斐がないのだ。では、どんな仕事をしよう――。考えた末の結論が「やはり自分は機械だ。機械屋として出直そう」ということだった。

年末に元号が大正から昭和に代わり、年が明けた1927年、重次郎は当時呉海軍工廠長だった海軍造兵中将、伍堂卓雄（1877～1956年）を訪ねた。伍堂とは、ロシア向け信管製造の時以来親交があり、重次郎の手腕を高く評価してくれていた。重次郎が「機械屋として再出発したい」と告げると、伍堂は「全面的に援助しよう」と約束し、受発注がスムーズに運ぶように工廠との間に日本製鋼所を介在させるよう話を通してくれた。

残る問題は機械設備の導入資金だった。さっそく藝備銀行を訪ね、機械製造への事業拡張と海軍からの受注の件を説明し「ついては3万円ばかりお借りしたい」と申し入れた。対応した専務は「ほうそりゃ結構」とニヤリとするだけで、「お貸ししましょう」とは言わない。重次郎がさらに言葉を尽くして説くと「それでは、野口氏の判があれば用立てしましょう」との返事だった。

当時、日窒グループの朝鮮進出の話が進み、まさに飛ぶ鳥を落とす勢いだった野口の債務保証を取り付けてこい、という話である。それまでの度重なる借り入れや工場火災の件でも散々迷惑をかけた相手である。重次郎は躊躇し、何度も断念しようとしたが、踏ん切りがつかない。気持ちの整理ができないまま、東京、大阪、朝鮮を駆け巡り広島には月に3日しかいないという野口との面会を取り付けた。

当日、雑談に花が咲くものの、なかなか本題に入らない重次郎を見て、野口が「今後君の会社はどうする」と水を向けてきた。そこで、機械屋として初心に戻ること、呉に伍堂を訪ねたこと、日本製鋼所の協力も取り付けたこと、そして藝備銀行のこと、一切合切を重次郎は説明した。

「ふうむ、そりゃ銀行がけしからん。機械屋としての君は、銀行はさておき僕が信用する。伍堂君とは竹馬の友だ（＊3）。彼がそう言うなら僕は喜んで協力するよ」

野口は膝を突き出し、こう言って債務保証の件に応じてくれた。後日、藝備銀行は約束通り、融資を実行した。その額、3万5千円（現在の約2200万円）。

「機械が買える！」

重次郎は「今太閤」と呼ばれた頃の活力を取り戻しつつあった。

長男・恒次も入社

大阪の生活を切り上げ、父を頼って家族を伴い広島へ移り住んだ恒次は、重次郎から「家の仕事をやれ」と言われ、手紙の代筆や骨董品の整理などに従事していたが、3年後の1927年7月、東洋コルク工業の機械部門進出に伴い正式に入社し、工務係に配属された。

重次郎の再起への心意気が従業員にも伝わり、社内は活気づいていた。さらに重次郎は同年9月、「機械工業に手をつけるんじゃったら、まずは会社名から変えんにゃなるまい」と社名からコルクを外し「東洋工業株式会社」へと商号変更した。

複雑な生い立ちや隻脚のコンプレックスから何事にも萎縮しがちだった恒次は入社を機にエンジニアとしての才能を開花させ始める。

自信家で、ややもすれば自己中心的な重次郎に対し、控えめで心配りが細やかな恒次。性格は正反対だったが、唯一共通していたのは「機械好き」だったことだ。少年時代に鍛冶屋に憧れた重次郎と同様に、恒次も中津村の「松田製作所」で初めて父と暮らし始めた頃、言われるままに火床の前で鞴を吹き、怒鳴られたり、殴られたり、大いにしごかれたが、それでも「無性に楽しかった」と後に振り返っている。

工務係としての最初の仕事は、コルク窯の改良だった。恒次が考案した改良窯は評判がよく、戦後の高度成長期まで長く使用された。おそらく少年期に経験した鍛冶の修業の賜物だったのだろう。

海軍の指定工場に

さて、東洋工業と呉海軍工廠の新たな取り引きは、重次郎と伍堂のトップ交渉で大枠が決まっただけで、具体的に何を造り納めるかについては後回しになっていた。当初、海軍からは「軍靴をやったらどうか」という話も来たが、恒次たち現場の若手技術者は「靴屋なんてしなはんな」と反対し、あくまで造機（機械製造）にこだわった。

もちろん技術の裏付けがなければ、造機の注文など取れるわけがない。炭化コルク開発の頃から付き合いがあった広島高工で「工作機械の権威」と呼ばれた教授の田中重芳を技術顧問に招き、同校の教室を実習工場として使わせてもらう段取りをつけた。

一方、機械の買い付けは慎重に進めた。「ヘタな機械を買うんやないで」と重次郎は自らも逸る気持ちを抑え、優秀な性能かつ最新鋭のものを厳選した。

そのうちの1つ、タレット旋盤を納入した英工作機械メーカー、アルフレッド・ハーバート社の営業マンだった若林信三が当時の東洋工業の様子を語っている。

「昭和2年（1927年）の夏、会社の事務所は30〜40坪くらいのもので、ついたてひとつで社長と社員の席が区別されていた。大変失礼だが、こんな小さい会社でどうしてこんな品の注文があるのだろうと不思議に思った」

納入したタレット旋盤の話になると、重次郎は「今度のヤツは、前後運動はこれくらいやし、上下運動はこうやで」といかにもうれしそうに「両手をぐるぐる動かしながら」説明を始めたという。「機械の選択は当を得ていて、その購入は他社よりも1年も2年も早かった。単なる新しい物好きではない」と若林は感心した。

とはいえ、「昭和」の始まりとともに日本を襲った金融恐慌で景気は一段と冷え込んでいた。新規事業の機械製造は当然のことながら苦戦続きだったが、野口率いる日窒グループがバックにいることで信用面での問題は生じなくなった。

1928年9月に再び野口の債務保証で藝備銀行から新たに9万6千円（現在の約5900万円）の融資を受け、機械設備を強化した。これにより、翌10月に呉海軍工廠から枝分かれした広海軍工廠の指定工場となり、400馬力シリンダーやクランクシャフトなどの製造・加工を、従来のように日本製鋼所を介することなく、直接受注できるようになった。さらに1929年1月には佐世保と呉の両工廠からも指定工場の承認を得た。

削岩機のトップメーカーに

東洋工業の草創期は、野口と日窒グループの存在抜きでは語れない。前述のように、この時期、野口は朝鮮での電気化学事業に乗り出し、鴨緑江周辺で複数のダム開発を手がけていた。山地を切り開いて行くこれらの工事には大型の削岩機が必要なのだが、実際に工事が進むにつれ、国産機に良い製品がないことが悩みのタネになった。1933年のある日、野口から「あんたのところで削岩機を作ってみる気はないか」と持ちかけられた重次郎は「うちにぴったりかもしれん」と開発を請け負うことにした。

重次郎が業界事情を調べてみると、大手の国産メーカーとしては広島県比婆郡東城町（現在の広島県庄原市）に本社を置いていた山本鉄工所（現在のヤマモトロックマシン）や大阪の瓜生製作所、それに1914年に削岩機の国産1号機を開発したとされる古河鉱業（現在の古河機械金属）があるくらいで、他は町工場程度の中小業者だった。削岩機事業の魅力は、過酷な作業で部品の消耗が激しく、完成品の納入後も部品交換などの維持修繕、今でいうメンテナンス需要が大量に見込めることだった。

まず、重次郎は米インガソール・ランド社製の各種削岩機を取り寄せ、詳細に研究。そのメカニズムを吟味し、自社製品に仕上げるのに約1年半を要した。試作品の第1号が完成したのは1935年。出来栄えは上々で、その年の10月、朝鮮・長津江のダム建設現場へ東洋工業製削岩機が初出荷された。

それから戦前戦後を通じ「トーヨーのさく岩機」は長期間、自動車に次ぐ東洋工業の事業部門として経営を支えた。1960年代から始まった山陽新幹線工事で大量採用され、1970年にはシェア44%のトップメーカーにもなった。1989年に削岩機部門は100%出資子会社「マツダアステック」として分社化された後、2002年にはスウェーデンの特殊鋼メーカー、サンドビックグループに営業権を譲渡。マツダアステックは清算されたが、その時点でも同社は25%のシェアを握っていた。

野口との関係はますます深まり、1931年5月には東洋工業取締役に迎え、この頃になると重次郎を日窒コンツェルンの一員と見る向きも出てきた。翌1932年4月、東洋工業は事業拡大に伴う増資を行い、資本金は東洋コルク創立当初の10倍の規模に膨れ上がった。

会社の急成長を促したのは削岩機だけではない。もうひとつの新規事業がより大きな起爆剤となった。三輪トラックである。


【注】

（＊1）広島産業銀行＝1895年に設立された広島貯蓄銀行が前身。1921年10月に資本金を積み増して普銀転換し「広島産業銀行」と改称。昭和金融恐慌で経営危機に陥り、1927年4月に休業、同12月に破綻した。

（＊2）海塚新八＝1848年（弘化4年）生まれの初代は肥料問屋や質屋の経営で財を成し「広島県下屈指の資産家」となった。1913年（大正2年）に後継者の長男・卯三郎が2代目・海塚新八を襲名した。

（＊3）伍堂君とは竹馬の友＝野口と伍堂は東京府尋常中学校（現在の東京都立日比谷高校）の同窓。

第5章　バイク、バタンコ、四輪車

「人間ちゅうやつはえらいものをつくり出しよるなあ」

　1912年（明治45年）7月、大阪・なんばの遊園地「ルナパーク」で大型瀑布の設置に一役買った時のこと。開所の祝賀行事に招かれた松田重次郎は当時まだ珍しかった消防自動車が登場し、出初め式さながら天高く水を噴き上げるのを見て、思わずこんな感想を洩らした。

　自動車王ヘンリー・フォード（1863～1947年）が普及車「T型フォード」を売り出したのが1908年。それまで1000ドル台が当たり前だった価格を825ドルに引き下げたインパクトで、自動車は一気に庶民に手が届く消費財となった。

　それからわずか4年後、日本ではまだ自家用車は高嶺の花だったが、そのルナパークでの一件から程なく重次郎は自分の車を手に入れ、自らハンドルを握って街を走り始めた。

「自動車は遠からず時代を象徴する製品に必ずなる」

この頃から、重次郎には確信があった。

GM、フォードが組立工場を建設

ただ、日本での普及には予想以上に時間を要する。理由としては、幕府護持のため意図的に陸上交通を貧困にしていた徳川300年の名残で道幅が狭かったことに加え、自動車産業に必要な部品・部材メーカーの集積が進まなかったこと、大衆への普及に不可欠なガソリンスタンドなど燃料供給網の整備が難しかったことなどが挙げられる。

政府が国産車普及に向け重い腰を上げたのは、第一次大戦終結間近の1918年3月、軍用自動車補助法が国会で成立してからだ。有事の際に軍が徴用する自動車（主にトラック）を製造・所有する企業に対し、助成金を支給するという法律で、これを受け、同年秋に東京瓦斯電気工業（＊1）の「TGE‐A型」トラックが適用第1号となり、その後、快進社の「ダット3／4トントラック」、英ウーズレー・モーター・カンパニーと提携した東京石川島造船所（IHIの前身）の「スミダ」自動貨車などが続いた。

鉄道はじめ既存の交通インフラが麻痺状態になった1923年の関東大震災で、自動車の利便性が大きく見直された。ただ、需要は急伸したものの、国産車メーカーは軍用自動車補助法施行後も停滞したまま、全く供給力がなかった。代わりに米国車の輸入が増え、フォード・モーターが1925年に横浜に、1926年にゼネラル・モータ一ズ（GM）が大阪に生産拠点を開設。さらに1930年には共立自動車製作所（＊2）が横浜・鶴見で「ダッジ」などクライスラーの全車種を組み立てる工場を稼働させた。

フォードは当初、アジアの拠点を上海に築く方針だったが、現地の政情不安や国民所得の低迷などを理由に進出地を横浜に切り替えた。1925年2月から横浜・緑町（現在の横浜市西区みなとみらい付近）の工場で「T型フォード」の組み立てを始めたが、販売好調で生産が追いつかなくなったため、1927年に同じ横浜の子安で見つけた約8千坪（約2万6400平方メートル）の敷地に約5千坪（約1万6500平方メートル）の建屋を有する本格的な組立工場を建設した。日米開戦で生産を中止する1941年まで、この工場は年間平均1万台の車を日本市場に供給した。

一方、GMは大阪港に近い約1万5千坪（約5万平方メートル）の敷地にあった東洋棉花（後のトーメン、豊田通商の前身）の工場建屋と倉庫を借り、エンジンや車体、塗装、さらに最終組立ラインからなる完成組立工場に変貌させた。当初は「シボレー」４ドアセダンや同１トン／１・５トントラックが中心だったが、その後「ビュイック」「ポンティアック」「オールズモビル」などに車種が広がり、日米開戦で閉鎖される１９４１年まで、月産２０００～２５００台の生産能力を維持した。

フォード、ＧＭにクライスラーを加えた米自動車ビッグスリーの相次ぐ組立生産拡充により、日本国内の自動車供給量は１９２６年の２６２６台から１９２９年には３万６８１２台へ、わずか３年で14倍に増大した。

オートバイをエンジンから開発

こうしたアメリカの大手メーカーの攻勢を聞くにつけ「不甲斐ない。日本人にできんことあるかい」と重次郎の敵愾心に火がついた。元号が昭和に改まると、野口率いる日窒グループの支援で資金繰りが安定し、東洋工業への商号変更で従業員の間にも「機械屋」の意気込みが張り始めていた。自動車事業進出へ「時節到来」と重次郎は判断した。

とはいえ、いきなり四輪車への進出は無理がある。まず、手始めに取り組んだのは自動二輪車、つまりオートバイである。

1929年の年明けまもない頃、重次郎は英フランシス&バーネット社と英ダンフォード&エリオット社（ブランド名「ダネルト」）のオートバイをそれぞれ1台ずつ購入し、自ら慎重に分解して部品・部材をこの眼で確かめた。重次郎はエンジンから自前で製造するつもりだった。舶来の原動機を使っていては「国産」とは言えないし、そもそも部品・部材から作っていかなければ利幅も薄いからだ。

重次郎から二輪車用エンジンの開発を命じられたのは、当時21歳の竹林清三（1908〜95年）をはじめとする若き技術陣である。重次郎の長男・恒次は購買部門に籍を置き、毎日コルク原料の調達や伝票整理に追われていたが、志願して二輪車開発部隊に加わり、他のメンバーと共に様々なアイデアを捻り出した。

「外国製の単なる模倣ではなく、独創的なものを作ろう」というのが合言葉だった。二輪車開発を一丸となって応援していたこの時の社内の熱気を、恒次は晩年になっても鮮明に記憶していた。

開発に要した期間は1年余り。同年秋に出来た試作車は完成に程遠く、翌1930年3月になって2気筒排気量250ccエンジンを搭載した6台の試作車がようやく完成した。試乗テストは当時観音町（現在の広島市西区）にあった競馬場で行われた。

「頼むから動いてくれ」と車体を慈しむように撫でていた重次郎の思いが伝わったのか、テストが始まると、エンジンの高い音とともに試作車は快調に走行を始めた。

「おおっ、動く、動いたぞ！」

見守る従業員たちの歓声がエンジン音と一緒に周囲に響き渡った。

重次郎は即座に30台の生産を決め、350円から380円の価格で市販を始めた。現在の貨幣価値でいえば、30万円弱である。

「自動自転車競走」で見事優勝！

国事に殉じた非命の志士の霊を慰めるため各地の護国神社が営む招魂祭。広島では10月に開かれ、毎年10万〜15万人の人出で賑わう当時地域最大のイベントだった。『新修広島市史』（1959年刊）によると、大正時代からその期間中「自動自転車競走」と命名されたオートバイレースが開催され、市民の人気を集めていたという。

1930年10月、西練兵場（旧広島市民球場跡地周辺）で行われたその「自動自転車競走」に東洋工業製オートバイが出場した。他にエントリーした数十台は「舶来車」ばかり。当初社内では、「最強」と前評判が高かった英アリエルをはじめ、米インディアン・モトサイクルや米ハーレーダビッドソンといった海外勢を相手に「勝負になるのか」と尻込みする向きもあった。しかし、恒次や竹林ら若手社員は手塩にかけた自分たちの「国産車」の実力を試したいとの強い思いがあった。

というのも当時、三共内燃機（＊3）が「陸王」のブランドで米ハーレー車の国内生産を始めていたが、それらは「名前は日本語でも、エンジンその他の主要部品は外国から輸入した〝舶来品〟」であり、恒次たちは純粋な国産車第1号を産み出したのは我々だと自負していたのである。

さて、レース当日。

「ドカンと頼みますで。みんな抜いたってくださいや」

恒次たちはドライバーに強気一辺倒で声をかけていたが、居並ぶ外国製のライバル車を見るうち、内心「故障せずに無事完走してくれれば御の字やな」と思い始めていた。ところが号砲一発、レースが始まると、そんな弱気は吹き飛んだ。東洋工業車は目覚ましい走りを見せ、最後は英アリエル車と一騎打ちになったものの、見事にかわして優勝を勝ち取った。恒次たちの思いは確信に変わった。「オレたちはいけるぞ！」。

レース優勝で東洋工業社内の士気は一気に高まった。ただ、社長の重次郎はこの快挙を冷静な眼で捉えていた。単車では確かに手応えがあったが、本命はあくまで自動車だ。二輪車で足がかりは出来た。次は三輪車へ挑もう。急速に盛り上がった社内の機運を、重次郎は次なるステップに結びつけようとした。

三輪車もエンジンから開発

実は、自動三輪車いわゆるオート三輪の試作は、二輪車開発と同時並行ですでに始めていた。なぜなら、この頃になると、東洋工業は一刻も早く新規事業を立ち上げる必要に迫られていたからだ。

すでに述べたように、重次郎はコルク工場火災からの再起を目指すに当たって呉工廠長だった伍堂卓雄を頼り、海軍関係の仕事で経営再建を軌道に乗せた。ところが、軍需産業の常で、請け負う仕事は繁閑の差が激しく、品目や数量もバラバラで量産化によるコスト削減なども難しい。親方日の丸で利幅は薄くはないが、会社側の裁量権は乏しく、そのため経営の妙を発揮できずにフラストレーションが溜まっていくのである。

加えて、1922年のワシントン海軍軍縮条約、1930年のロンドン海軍軍縮条約で軍縮の流れができた。日本海軍の建艦計画も頓挫・修正を迫られ、民間への業務発注量も先細りになりつつあった。今や遠回りはできない。焦りが高じた重次郎は「荷馬車にエンジンをつけろ。あれくらいのスピードなら、たいした馬力もいるまい」と真顔で恒次たちにハッパをかけるほど、オート三輪の開発を急がせるようになった。

とはいえ、ここでも重次郎は自前のエンジン開発にこだわった。

日本のオート三輪の原型は、1914年に東京・銀座のアンドリウス・ジョージ商会が米A・O・スミス社製の取り付けエンジン「スミスモーターホイール」を輸入し製作したものとされる。1917年に「スミスモーターホイール」の販売権を得た大阪・土佐堀の中央貿易が「自動下駄」と名づけた荷物運搬用三輪車を売り出し、1918年には大阪の中島商会（＊4）が同様の取り付けエンジンを装備した「ヤマータ号」を発売。四輪自動車に比べ安さと手軽さが受けて、同類の三輪車が続々と市場に出回った。

ちなみに、三輪トラックのことを庶民は、半ば親しみを込め、半ばからかい気味に「バタンコ」と呼んでいた。この呼び名は、三輪トラックの運転席がオートバイと同じ造りで、席に跨がった運転手が足でスターターを強く蹴り、バタバタとエンジンが起動することに由来している。

当初は前輪2・後輪1・ボックス前部付きのフロントカー式が多かったが、1920

年代に入ると、前輪1・後輪2・ボックス後部付きのリヤカー式が主流になる。「オートリヤカー」の名称で、1929年には内務省の規格審査で認められたものだけでも26の車種が存在した。

そのうち、自動車技術者の蒔田鉄司（1888〜1958年）が東京で立ち上げた秀工舎（後の日本内燃機、現・日産工機の前身）が「ニューエラ」（後に「くろがね」に変更）のブランドで売り出したオート三輪トラックをはじめ、大阪のウェルビー商会（山合製作所）の「ウェルビー号」など多くのオート三輪車が英エクセルシオール・モーター社のJAPエンジン（＊5）を搭載していた。

JAPエンジンが日本国内に大量に出回ったのには裏事情があった。第一次大戦末期、エクセルシオール社がロシア向けにオートバイ部品・部材の輸出を計画していたところ、ロシア革命で帝政が崩壊、同社は大量の在庫を抱えてしまった。その結果、経営危機に陥った同社が廉価で処分した部品・部材の多くが日本に流れてきたという。

「どうにかしてエンジンは独自のものを創ろうやないか。そこでや、おまえたち、全国行脚に行って来い」

1929年末、重次郎はこう言って、恒次や竹林らを情報収集目的で各地へ送り出した。数週間後、彼らは朗報を携えて広島へ戻ってきた。

「社長、幸運ですよ。内務省の運転免許規制が大幅に緩和されるようです」

当時、オート三輪の対象となる小排気量三輪車の運転免許は許可制で、排気量350ccまでが事実上無免許で運転できた。昭和に入って自動車産業に対する認識が「国防上欠くべからざる基幹産業である」と改まるのに伴い、普及の後押しのため規制緩和を求める声が強まり、1930年2月の自動車取締令の改正で無免許の上限は500ccに引き上げられ、さらに1933年8月にはそれが750ccとなった。1930年には、商工省の諮問機関「国産振興委員会」が国産車開発の奨励を提言する。重次郎率いる東洋工業はこの時、日本のモータリゼーションの黎明期に立っていたのである。

府中村に新工場を建設

恒次らの報告を聞いた重次郎は「よっしゃ、許されるギリギリまで大きい三輪車をつくろやないか」と技術陣を鼓舞した。この年秋に完成した試作車は、エンジンはもちろん自社開発・生産であり、東洋工業が特許を取得した直線操作式後退付き変速機（トランスミッション）や後車軸差動装置など、独自技術を満載した出色の出来栄えだった。

期待通り、試作車は評判になった。重次郎が野口のもとへ報告に行くと、「そりゃええ、販売は三菱商事にやらせたらどうか」との提案があり、市販車量産のメドがついた段階で三菱商事に国内販売を任せる契約も固まった。

三菱商事側で東洋工業車販売の陣頭指揮に立ったのは、当時常務の加藤恭平（１８８３〜１９６２年）だった。野口と親友の仲という加藤は、後に台湾電力社長などを歴任し、太平洋戦争中は南方経済進出の一翼を担ったとされる大物商社マンだった。販売責任者として加藤は「三輪トラックの製造については片手間仕事ではなく、本格的な生産体制を敷いてほしい」と要望した。この一言で、かねて重次郎が温めていた新工場建設計画の機運が一気に高まった。

当時、本社工場は東洋コルク工業時代と変わらず、広島市内の吉島町にあった。

重次郎はそれまで手がけていた海軍向けの軍需品から、今後量産する三輪トラック、さらにこの後本格参入することになる削岩機や工作機械まで、どんな機械を作るにせよ、生産は工程別に１カ所に集約するべきだと考えていた。例えば、三輪車関係だろうと、削岩機だろうと、丸く加工するのであれば旋盤グループがまとめて行い、加工後にそれぞれの完成組立工程に持っていけばいいという思考法だった。

恒次が「コルクから三輪車に会社の軸を移すなら専用工場を作ったほうがいい」といくら説いても、ラインが増えれば同じ機械を複数そろえなければならず、「投資がかさむし、機械の遊んでいる時間が長くてもったいない」と頑なに新工場建設を拒んでいた。だが、三菱商事の要求する生産規模が従来の製品をはるかに上回ることが伝わると、重次郎も恒次の説得を聞き入れるようになっていく。

1930年7月、東洋工業は広島県安芸郡府中村（現在の府中町）の塩田や埋立地が広がる一帯で1万坪（約3万3千平方メートル）の土地を買い取り、同年9月に新工場建設に着手した。広島湾から猿猴《えんこう》川沿いに立地し、資材や製品の水陸輸送に便利なうえ、広島市中心部にも近く、しかも天災に遭ったことがほとんどない場所といわれていた。故郷・向洋が目と鼻の先というのも重次郎は気に入った。

新工場のレイアウトは恒次を中心に竹林ら技術陣が考案し、三輪トラック部門を中心に設計された。そして、工事が始まると、恒次は重次郎の命で、実質的な現場監督の役割を担わされるようになる。

この頃になると、重次郎は数年前に結婚問題で勘当同然の仕打ちをしたことなど忘れたように、恒次を重用するようになっていた。東洋工業に入社以来、水を得た魚のように技術者としての才能を開花させ、おまけに人の上に立っても怯まず威張らず、温厚なため、恒次を慕う同僚や部下が多かった。この時、恒次は35歳。55歳の重次郎は次の世代の東洋工業に思いを馳せ始めていた。

商標MAZDAの登場

新工場は着工から半年後の翌1931年3月に機械部門の生産ラインが稼働し、同年7月に三輪トラックの生産がスタート。新工場での三輪トラック生産は10月に3台、11月に31台、12月に32台と次第に軌道に乗っていった。

一方、三菱商事は10月から三輪トラックの販売を開始した。この時初めて「マツダ（MAZDA）」の商標が登場する。

当初、三菱商事からは「天使」という名はどうかと提案があり、重次郎もその気になりかけたが、東洋工業社内では「『天使』は『転死』に通じるから三輪車には不吉」との声が上がり、結局創業者の重次郎の姓である「マツダ（MATSUDA）」なら、ということで収まりかけた。

ところがその後、個人名は登録制限に引っかかる可能性があるといわれたため、同じ読みながら、ゾロアスター教の最高神「アフラ・マズダ（Ahura Mazda）」を引用。ようやく現在の「マツダ（MAZDA）」に落ち着いた。初代三輪トラックは「マツダ号DA型」と命名された。

新工場での量産車を三菱商事による全国販売網に乗せた戦略はズバリ当たった。1932年に450台だった東洋工業製三輪トラックの年間生産台数は、二重フレームで低床タイプの「DB型」がヒットした1933年に700台、「DA型」の2倍の積載量（400キロ）の「DC型」を投入した1934年には900台へと伸びていく。1934年7月に三輪トラック「マツダ号」は月産100台を突破した。

だが、大台超えに満足することなく重次郎は製品開発の手を緩めない。3カ月後の10月には、前年8月の自動車取締令改正による規制緩和で無免許上限が引き上げられたのを受け、従来の「マツダ号」の500ccエンジンを上回る654cc単気筒エンジンを搭載した「KA型」を発売。さらに翌1935年6月には、その「KA型」をマイナーチェンジした「TCS型」、同12月にはスタイリングを一新し最大積載量を500キロに引き上げた「KC36型」と、立て続けに新製品を投入していった。

こうした一連のモデルチェンジ攻勢は、三輪トラック市場の競争激化の裏返しでもあ

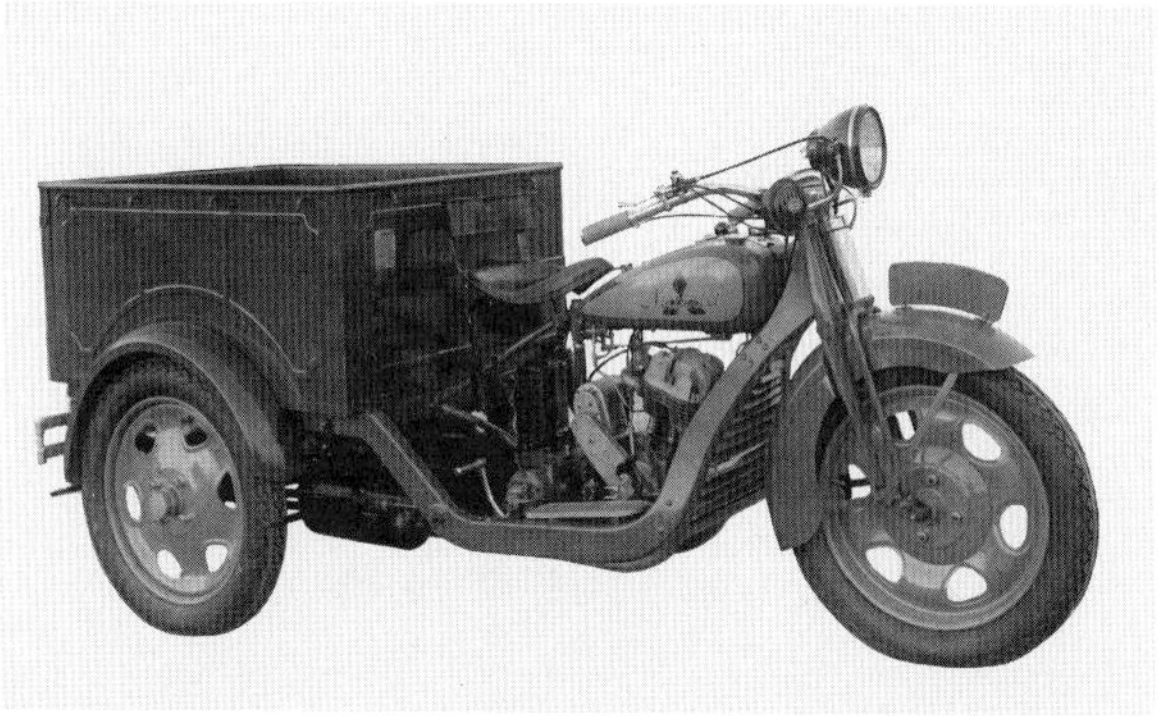

初めて「MAZDA」の商標が使われた初代三輪トラック「マツダ号DA型」（マツダ提供）

った。需要急増に伴って新規参入メーカーが相次ぐ一方、既存各社は量産を競い、1935年に入ると、市場に在庫がダブつき、生産過剰が指摘されるようになる。「ここが勝負の分かれ目」と直感した重次郎はそれまでの生産重視から一転、「マツダ号」販売促進のための大宣伝イベントを企画する。「鹿児島—東京間大キャラバン」である。

鹿児島から東京までの販売促進キャラバン

数ある競合車の中で、重次郎が特にライバル視していたのは発動機製造（ダイハツ工業の前身）の「ダイハツ号」だった。大阪高等工業学校（大阪大学工学部の前身）の研究者を中心に1907年に発足した同社は、1930年に自社製空冷単気筒エンジンを搭載した試作車「ダイハツ号HA型」を完成させ、翌1931年から量産車「HB型」を売り出し、自動車市場に本格参入する構えだった。

同じように技術志向の強いライバルに打ち勝つには販売シェアで差をつけるしかない。ところが、東洋工業の提携先の三菱商事はアフターサービスに重点を置いた販売体制を敷き、販売先は「量より質」で勝負するというスタンスだった。これでは新しい顧客《ユーザー》の開拓で遅れを取ってしまう。

そんな危機感を抱いた重次郎は1936年8月に三菱商事との一手販売契約を解消、マツダ号の車体からスリーダイヤのシンボルマークを外した。それに先立って実施した「鹿児島―東京間大キャラバン」のキャンペーンは、販売戦略の抜本的な転換を意味していたのである。

1936年4月29日、天長節（昭和天皇誕生日）のその日に「KC36型」4台と「DC型」1台、計5台の「マツダ号」が鹿児島市内の照国神社を出発した。東京・明治神宮までの約2700キロを25日間かけて走行。途中、沿線の自治体庁舎など300カ所を訪問し、約2000回に及ぶ宣伝映画の上映会を開いた。

重次郎はかねて親交のあった島津モーター（大阪市）創立者、島津楢蔵（1888〜

1973年）をキャラバン隊の団長に据えた。

「車が故障したとき、人に見られないように修理するのに苦労した。（5台に6人が乗り込んで出発したが）途中で『オレはもう帰る』と音を上げる隊員もいて閉口した。費用は全部で3千円（現在の約200万円）くらいかかった」

後年、団長としての道中の苦労を島津はこんな風に回想している。

島津のキャリアはユニークで面白い。丹波生まれの山口金助が創業した貴金属細工商「丹金」の番頭で、後に2代目総代となる島津常次郎の長男として生まれた。12歳の時、石川商会（丸石サイクルの前身）が米国から輸入した自転車を買い与えられたのをきっかけに機械に興味を持ち、その翌年、東京・上野の不忍池で開かれた自転車レースの余興で初めて「自動自転車」と呼ばれていたオートバイに出会った。

父・常次郎は島津を商人にしようと商業学校に入れたが、極端なそろばん嫌いで退学。ならば機械工にと、奈良県立工業学校（奈良県立御所工業高校の前身）染色科本科紡織科で学ばせた。1908年に同校を卒業した島津は豊田佐吉（1867〜1930年）に憧れ、校長推薦で名古屋の豊田式織機（豊和工業の前身）に入社するが、「モーターサイクルをつくりたい」との思いが次第に膨らみ、半年で退社することになる。

大阪の実家に戻った島津は、英米から自動二輪車関連の文献を取り寄せる一方、父が経営する「丹金」の工場を借り、研究・開発に没頭。1年後の1909年9月、21歳の時に4サイクル排気量400ccの手作りエンジンを搭載した初の国産オートバイ「NS号」（自分の名前のアルファベット頭文字から命名）を完成させた。その後、改良を重ね、1912年には量産車「NMC号」（Nippon Motor Cycleの略）を売り出したが、当時は輸入車全盛期で国産車に人気がなく20台余りしか売れなかった。

実家の財力のおかげもあって、島津はその後もエンジン研究に没頭し、自動車や小型船舶などへ対象を広げる。1916年には朝日新聞社と帝国飛行協会の共催による「航空機エンジン試作懸賞」に応募し、1位に選出され賞金2万円（現在の約1800万円）を獲得。「国産航空機エンジンの創設者」と当時の新聞は報じた（衛藤誠著「国産二輪車の父、島津楢蔵氏を偲ぶ」2020年）。

この賞金を元手に航空機エンジンの会社を設立しようと島津は考えたが、親しい投資家から「飛行機はまだ時期が早い」と忠告され断念。再びモーターサイクル分野で今度は大衆向けの自動二輪車開発に力を注ぐ。1925年2月、試作した4サイクル600ccエンジン搭載のオートバイ「エーロファースト号」（Aero First）の宣伝を兼ねて、鹿児島―東京間のデモ走行を実施。一躍注目を集めたが、これが重次郎をいたく感心させ、11年後の「マツダ号」キャンペーンに結びつく。

翌１９２６年、島津は大林組の支援を得てオートバイ製造会社「日本モータース」を設立する。２５０ccエンジン搭載の「エーロファースト号」を量産販売し、成長途上の自動二輪車市場に新風を注ぎ込む意気込みだったが、売れ行きは期待外れ。３年間で約７００台を生産したものの、赤字が膨らみ、工場閉鎖に追い込まれる。

その後、島津は神戸電機製作所で職を得て、集魚灯や鉱山帽用ランプなどを手がけるが、重次郎が「マツダ号」キャンペーンで声をかけるまで約10年間、不遇の時代が続いた。キャンペーン成功を喜んだ重次郎は、島津を東洋工業に招き、大阪支店長に抜擢したほか、エンジン関連の技術研究も任せた。戦後、島津は三輪トラック用三角（一体化）フレームやエンジン燃焼室の形状を工夫した「カマボコ型ヘッド」などを考案。東洋工業は功績を高く評価し「終身技術顧問」の肩書で遇した。

成功した便乗宣伝

さて、三菱商事との提携を解消した東洋工業は「鹿児島―東京間大キャラバン」に続き、奇想天外なキャンペーンを連発する。

1937年4月、当時最新鋭の高速通信連絡機「神風号」（三菱重工業製、九七式司令部偵察機）による東京―ロンドン間のデモフライトを朝日新聞社が企画した。国産機による飛行時間短縮の国際記録がかかったイベントとあって日本中が注目。重次郎はその「神風号」が大阪の木津川空港に寄港することを聞きつけ「便乗宣伝」を思いつく。「神風号」が木津川空港を飛び立った後、「マツダ」の文字を記した吹き流しを尾翼に取り付けた3機の飛行機を飛ばし、集まった観客の上空を旋回させたのである。この便乗宣伝は大反響を呼び、「マツダ」の知名度は一段と上昇。3機に支払った費用は合計350円（現在の約19万円）ほどだったが、数倍のお釣りが出るほどの効果が得られた。

三輪トラックの製造販売が成長軌道をひた走り始めたこの頃、相前後して削岩機や工作機械にも参入し、東洋工業の業容はますます拡大していく。1934年3月に資本金を50万円から200万円へ4倍増資したのに続き、1937年4月にはそれが500万円（約27億円）に上積みされた。重次郎は近い将来の四輪車進出を念頭に、排気量750ccエンジン搭載の小型四輪車の試作を命じたほか、この年7月には「本場の自動車工業の実態を見て来い」と技師の竹林清三をアメリカへ派遣した。

しぶしぶ武器製造を受け入れる

だが、天井知らずに見えた三輪トラック事業の成長の勢いにここから急ブレーキがかかる。重次郎の命で竹林が渡米した1937年7月、盧溝橋事件をきっかけに日中戦争が始まり、翌1938年4月には国家総動員法が公布され、企業経営は自由裁量権を奪われてしまう。東洋工業も否応なく軍需中心の経済・産業構造の枠組みに嵌め込まれていく。

「兵器製造をわが社に押しつけてきたのは昭和13～14年（1938～39年）頃からだ。陸軍小倉工廠の作業課長中村大佐が、突然社を訪れて、銃の部品をつくってくれとの依頼である。軍部の注文は日限だけを命令的にやらして、あとは振り向きもせぬのがお極まりの態度である。（中略）私は、一応断った」

陸軍から兵器製造を持ちかけられた時のことを重次郎はこう語っている。

長年、陸海双方の工廠と付き合いがあった重次郎は軍の性癖を知り尽くしていた。「一応、断った」とはいえ、これで事が済むほど甘く考えてもいなかった。

1938年4月に重次郎は陸軍省兵器局に呼び出され「来年4月頃までに歩兵銃の部

品を月間2千挺生産できるよう、必要な措置を講ずべし」と頭ごなしの命令を受ける。さらに同年11月になると「月産1万2千挺が可能な施設・設備をつくるように」と矢の催促が来る。ここに及んで重次郎は重い腰を上げ、小銃生産を始めることを受け入れる。

陸軍が動けば、海軍も黙ってはいない。同じ頃、爆弾や水雷用の信管の製作を海軍当局に依頼されるが、陸軍の小銃大量生産を請け負ったばかりで、工場の生産能力に余裕がない。しかも納品期限が短く、常に作業日程が逼迫していることも難点だった。このため、重次郎は一部の部品製造を下請けに出すことを条件に渋々応諾したのだが、ある時、その下請けに製造させた部品に粗悪品が混じっていたことが判明する。

それを見つけた海軍の検査工が「東洋工業はこんな不正をする」と仰々しく申告し、それを真に受けた監督官が居丈高に「始末書を出せ」と重次郎に命じてきた。当時、検査を名目に民間企業に強請《ゆす》りたかりをする一部の軍関係者の行為が巷で囁かれており、そのこともあって、重次郎は監督官に迎合せず、憤然と反論した。

「よく調べたつもりであるが、日限を急がされたため納入した。その1個を見落としたのはお詫びしなければならんとしても、このために『東洋工業が不正をする』と放言されては残念です」

さらに検査工の悪弊を指摘しながら「私の方でも十分気をつけますから、あなたの方でも気をつけていただきたい」と言い放った。当然、この一件は大問題になった。

話は当時の呉海軍工廠長、豊田貞次郎（1885〜1961年、後の海軍大将、商工大臣や外務大臣などを歴任）のところまで上げられた。豊田に呼び出された重次郎はさすがに「責任は自分にある」と謝罪したが、それでも検査工が私利私欲に走り難癖をつけて健全な企業経営者を困惑させている、逆に欲に目が眩んで粗悪品を合格にしてしまうかもしれず、それはお国のためにならない、など滔々と訴えた。

重次郎は、場合によっては「よく言ってくれた」と感謝されるかもしれぬと考えていたのだが、そうはならなかった。豊田はいきなりテーブルを叩き「貴様はオレの部下の悪口を言いに来たのか。今後貴様の会社とは縁切りだ」と一喝したのである。讒言《ざんげん》と解釈されて重次郎は心外だったが、そもそもは引き受けられないから断ろうとした仕事である。「縁切り」されてむしろ好都合でもあった。ただ、そうは問屋が卸さなかった。

その後、豊田はよほど腹に据えかねたのか、陸軍にも東洋工業の悪評を流し、小銃の発注をやめさせようとした。しかし当時、東洋工業への発注品を代替生産できる企業はなかった。陸軍は注文を継続し、海軍も新たな発注先が見つからず、信管の納品が滞るような事態に陥っていく。振り上げた拳の落とし所に困った豊田は結局、東洋工業を陸海軍の共同管理とすることでどうにか面目を保った。論争の軍配は重次郎の「反骨」に上がったともいえる。

意に反して進む「軍需工場化」

軍との軋轢は恒次も経験した。戦時色が深まった1938年8月に取締役に、1940年6月に常務に昇格した恒次は、重次郎の補佐役として、製造、販売から渉外担当までを任されるようになっていた。ある時、陸軍から上陸用船艇のエンジン製作を依頼され、その件で大本営の陸軍幹部が不意に東洋工業を訪れたことがあった。部品の数量について行き違いがあったのだという。

迎えに出た恒次が「せっかくの機会ですから」と工場内を案内していたところ、作業場の一角に工員が片づけ忘れたのか、三輪トラックのシリンダーがいくつか転がっていた。たまたまそれを見つけた陸軍幹部はいきなり近づいて行って足蹴にし、腹立たしそうに「こんなものをつくっているから、うちのものができんのだ」と罵声を浴びせた。後になって、上陸用船艇エンジンの部品を巡る数量トラブルも、陸軍側の計算間違いであったことが判明した。一事が万事、こんな具合だった。「正常な感覚では軍との仕事はできない」と恒次は痛感した。

重次郎と恒次の親子はこんな葛藤を抱えながら、それでも東洋工業の「軍需工場化」は否応なく進んでいった。１９４０年までは三輪トラックについて月間１５０台の生産体制を維持していた。四輪進出も諦めず、密かに中型高級車の開発を念頭に独オペルや英ＭＧの新型車を輸入し、モデル研究を進めていた。だが、太平洋戦争が始まると、兵器生産の更なる拡大を余儀なくされ、例えば、１９４１年５月に月産２５００挺だった小銃生産は同年９月には５５００挺、１９４２年２月には９０００挺と次々に増産を命じられた。

重次郎の盟友であり、有力なスポンサーでもあった日窒コンツェルン総帥の野口遵は、１９４０年２月、出張先の京城（ソウル）で、脳溢血で倒れ、そのまま実業界から引退し、４年後の１９４４年１月に死去する。享年72。重次郎はコルク工場の火災の際に野口に明け渡した広島市内上流川町の自宅を買い戻し、終戦間際までここを動かなかった。

重次郎、運良く命を拾う

敗戦濃厚となる中、艦艇の生産拠点である呉、航空機生産が主力の広の両海軍工廠（＊6）に対し、激しい空襲が繰り返されていた。広島市内もいつ米軍機の標的になるか、恒次は時間の問題のような気がしていた。

70歳を迎えようとしていた老父を気遣い、上流川町の自宅を離れ郊外へ疎開するよう何度も勧めたが、重次郎は頑として受け付けなかった。ある時、恒次のしつこさに、ついに堪忍袋の緒を切らした重次郎は怒りを爆発させた。

「お前らにはオレの精神はわからへんのや。オレはこんだけやったら、ここで死んでも本望や」

上流川町の自宅には、信頼できる盟友だった野口の思い出が詰まっており、そこから離れ難かったのである。

ところが、終戦直前になって事情が変わる。1945年6月、政府は本土決戦に備え、地方行政の統合と情報伝達の迅速化を図る目的で都道府県の上位に位置する行政機関「地方総監府」を全国8カ所に置いた。その1つ、中国地方総監府は広島市に置かれ、陸軍司政長官だった大塚惟精が総監として赴任してきたが、その際、大塚の住む家が見当たらず、広壮な重次郎邸を貸してはどうかという話になった。

愛着のある自宅だっただけに重次郎は躊躇し、迷った挙げ句に恒次に相談したところ「そりゃ貸してあげなさい」と助言され、やむなく明け渡すことにした。すでに触れたように、この年8月6日の原爆で爆心地に近い上流川町周辺は壊滅。大塚は自宅の梁の下敷きになり絶命した。戦後、重次郎はしばしば自宅を提供した経緯に触れ「大塚さんには誠に申し訳ないことをした」と涙ぐんでいた。

終戦後、労働争議に見舞われる

終戦から4カ月後の1945年12月、東洋工業は三輪トラック生産を再開した。恒次が先頭に立ち、部材の調達などに奔走しながらなんとか工場を動かし始めた矢先の1946年2月、「従業員組合」という名称の労組が東洋工業に発足する。

前述したように、終戦直前に雇用者7千人、学徒動員3千人、合わせて1万人に達していた従業員を、10月までの2カ月間で20分の1の500人に削減するという過酷な人員整理を断行したばかりだった。当時、取締役労務部長（後の専務）だった河村郷四によると、この他に出征中で復員が見込まれる従業員を200人と見て、全体では700

人体制にするというのが経営側の腹づもりだった。

しかし、予想外の早さで工場が再開する一方、出征先からの復員は遅れ、人員が不足をきたすようになる。生産を開始した三輪トラックの引き合いが強かったこともあり、1946年の年明け早々、東洋工業は急きょ1000人の採用を決定。河村は「この1000人の中に過激な連中がいた」と語っている。

実は、「従業員組合」については当初経営側の方が「時代の流れを先取りする」との思いから設立に積極的で、結成式では河村が会社を代表し祝辞を述べたりもしていた。

だが、終戦直後の混乱の中、食糧事情は悪化の一途を辿り、広島の焼け跡にはヤミ市が乱立。国家財政の約9倍の借入金を抱えていた大日本帝国政府の崩壊は当然のことながら極度のインフレを招いていた。従業員の間から賃上げ要求が出てくるのは必然だった。

工場再開に際し、会社側は終戦時に85円だった平均月額賃金を200円に引き上げていた。重次郎にしてみれば「そこまでしてやった」という気持ちがあり、それに重ねての賃上げ要求については冷ややかだった。

「君ら足りるとか足りんとかいっているが、ここで足りないというなら、よそへいったらいいじゃないか」

重次郎のこの一言が、それまで従業員の間で燻っていた不満の火に油を注いだ。

１９４６年2月に発足した労組は3カ月後の5月からストライキを開始した。争点は、団体協約案の中で労組組合員の資格と社員の資格の関係を定める「ショップ制」だった。労組側は労働者の組合加入を社員としての雇用条件とする「クローズドショップ制」を要求し、経営側は労組への加入・脱退を自由に選択できる「オープンショップ制」を主張した。

もちろん、重次郎以下の東洋工業役員陣にとって、ストライキはもとより、労使紛争自体が初めての経験だった。日本の旧来の権威や秩序を根こそぎ改革しようというGHQの占領政策で労働者の士気は大いに上がり、外部から労組に入り込んだ活動家に煽られ、経営側に対する攻撃はエスカレートしていった。

加えて周辺の「官庁街」の存在が混迷に拍車をかけた。すでに触れたように府中町の東洋工業の本社敷地内には当時、原爆でオフィスを失った県庁や裁判所、警察署といった官公庁からＮＨＫ、中国新聞社などの報道機関、さらに一部の民間企業までが仮事務所を開いていた。「米よこせ」などと食糧不足を役所に訴えるデモ隊が押し寄せていたところへ、東洋工業のスト絡みのデモ隊が加わり、まさにカオス状態に陥った。

労組との団交は一向に進展しなかった。賃金問題ならば話し合いで妥協点を探ることは可能だが、制度議論では互いの主張は水と油で折り合いを付けようがない。重次郎はじめ恒次、河村らの経営側はもっぱらダンマリを決め込んだ。

そうこうして時間を稼ぐうち、「ノーワーク、ノーペイ」の原則で賃金を受け取れない労組員の間に不満が高じてきた。争点が賃上げなら彼らもストの意義を理解できるが「ショップ制」では腹の足しにならない。スト突入から1カ月近くが経過した6月3日、労組執行部は全員不信任となり、代わりに選出された新執行部が「スト解除」の声明を出す。工場の操業停止は長引いたものの、物流事情が悪かったため三輪トラックの部品・部材が思うように集まらず、ストによる機会損失は予想より少なかった。当時人員は2千人近くに膨れ上がっていたが、「精神的打撃が大きかったわりに、争議による実際の被害は少なかった」と恒次は後年振り返っている。

恒次、会社を去る

恒次の言う「精神的打撃」とは、この後創業家に亀裂をもたらす「同族経営批判」を指している。当時の役員陣には、重次郎と恒次に加え、重次郎の次女・敏子の夫で技術担当の専務だった村尾時之助も名を連ねていた。労使紛争を機に、こうした旧来型の一族経営を「封建的でけしからん」と批判する声が強まってきたのだ。それも労組幹部からばかりでなく、役員の中にも同調する動きが出てきていた。

終戦1年前の1944年に専務になった恒次は役員人事を重次郎に任されるようになり、戦後三輪トラックの生産が再開した頃の布陣には恒次の指名で引き上げられた役員も少なくなかった。にもかかわらず、長引くストの混乱の中で「民主化の時代に、父親の跡をその子供が引き継ぐのはいかがなものか」といった声が幹部の間から漏れ聞こえてくるようになっていた。

仲間と思っていた役員まで自分の陰口を叩くようになったことに心底嫌気が差した恒次は、スト騒動が収まって1年余りが経った頃、重次郎のもとへ行き「やめさせてほしい」と申し出た。意外にも、息子の辞意を聴いた重次郎はあっさりそれを許した。

「そうか、そういう気になったか。実をいうと、自分でさえ最近は会社に居づらい状態になった」

これが後に恒次が自伝で明かした重次郎の弁である。

恒次は辞表を出し、東洋工業を去った。1947年8月のことである。

ただ、話はそれほど単純ではない。１９３４年の東洋工業入社以来30年以上にわたって重次郎、恒次の親子に仕えた河村が、同社退社後に受けたインタビューで恒次の退社の背景について語っている。

「実はね。恒次さんと、妹婿の村尾さんとはあまり気が合う方ではなかった。それをじいさん（筆者注＊重次郎のこと）がよく見抜いていたんです。一方の恒次さんは自分で事業のできる可能性がある。そりゃ、経営のできる人でした。片方は、技術はできる人だけれども経営はむつかしい。これを重次郎社長は見て取っていた」

つまり、もちろん同族批判はあったが、それに加えて跡取り息子と婿が不和で、何かと意見が対立していた。当時、重次郎は72歳。古希を超え、いつお迎えが来てもおかしくない年齢に達し、揉め事の芽を早めに摘み取りたかったのだろう。「『２人のうち、１人出ていくということになるなら、外で働ける恒次を出す』と言ったんです」と河村は述懐している。

ボールペン製造で成功

東洋工業を憤然と退社した後、恒次はこれから何をしようかとあれこれ考えた。そして、ボールペンの製造を思い立った。

機械好きなうえ、手先が器用だった恒次は「松田精密工作所」という看板を掲げ、最初は自宅の4畳半の間で手作業を始め、そこが狭くなると次は知人の工場の2階を作業場として借り、ペン先にあたる真円のボールから中軸、インクまでを一貫製造できる自前の生産ラインを構築した。従業員は約20人。その中に、先のスト騒動の最中に恒次を真っ向から批判していた労組幹部が2人含まれていた。組合長だった木谷幸夫と組合役員の藤田京郎である。2人はスト収拾後、労組新執行部によって組合を追われ、会社から解雇されていた。

藤田が「話があるから」と恒次に呼び出されたのは1947年11月。「君の技術を捨てるのは惜しい。ひとつ一緒にボールペンをつくらんか」との誘いだった。木谷と藤田は「たまたま組合幹部の地位に押し上げられたから（ストを）やらざるを得なかった。あの争議さえなければ、将来会社を背負って立つ存在になったに違いない」と河村も惜しんでいた人材だった。職を失い、先行きの不安に苛まれていた2人はそろって恒次の下へ駆けつけた。

恒次が興した事業は大いに当たった。ボールペンが庶民にとって目新しく、予想を上回る売れ行きだったのに加え、ペン先の真円形のボールからインクまですべてが自社製で利幅が大きかったため「もうかってしょうがなかった」。恒次によると、当時「松田精密工作所」が作ったペン先のボールやインク入りの中軸はすべて大阪・淀屋橋の尚美堂に卸していて、尚美堂の人気商品だった「VANCO・萬古」ブランドのボールペンは「全部うちがつくったものだった」と胸を張っている。

ただ、製造開始から2年以上経過した頃から、競合相手が増え、市場も飽和状態に近いムードが漂ってきた。そんな時、戦前からの知り合いで大手足袋製造会社の広島支店長だった人物から「毛糸編み機を作ってもらえないか」という依頼があった。商売熱心で知られた男で、百貨店を中心に各地で編み物教室を開き、そこに集まった主婦たちに編み機を買ってもらうというアイデアだった。

まだ食糧事情がさほど好転してはいなかったが、恒次はやがて人々の関心は〝食〟から〝衣〟に移ると見て、「面白そうだな」と引き受けることにした。恒次が製作したのは木製の簡易型編み機だったが、客の評判は良く、売れ行きは出足から好調だった。

ところが、発案者の男がなかなかの食わせ者で「品物は運び去られる、もらった手形は落ちない」で、恒次は散々な目に遭う。このため、恒次は大阪市立工業学校時代からの親友である山西亀三郎を頼り、家業の「山西商店」を通じて編み機の販路を確保してもらった。その後、恒次の開発した簡易型編み機の商圏は広島から山口、岡山、大阪、浜松へと広がっていった。

恒次の復帰と社長就任

「そろそろ帰ってこないか」

重次郎が恒次に声をかけたのは1950年春のこと。「松田精密工作所」の事業は順調に拡大し、知人の工場の2階を間借りしていたそれまでの作業場が手狭になったため、上柳町（現在の広島市中区幟町、上幟町周辺）に事務所を兼ねた自宅を新築する計画を進めていたところだった。

なぜ、重次郎が恒次を呼び戻す気になったのかは判然としない。

「別に経営スタッフに穴が空いたというわけでもなかったが、おそらく、他人を使ってみて、あまり能力に差がないなら、わが子に任せておく方が安全で、かつ得だと考えたのであろう」

そんな風に恒次は受け止めた。

重次郎の心変わりの裏には河村の説得があった。終戦翌年のスト騒動の後、東洋工業は削岩機の生産も再開し、三輪トラックと並んで復興需要の波に乗った。戦後、3千万円だった資本金はこの時期6千万円、1億5千万円、3億円へと短期間に10倍に拡大。「これだけ飛躍的な発展期にじいさんだけでは手に負えない。恒次さんがおってもらえれば大いに助かるという時でしたからね」と河村は振り返る。

そこで河村は事あるごとに重次郎を説得した。「恒次さんはあんたの息子じゃないか、いろんな問題はあろうけど、早く帰しなさいや」と言い続けたのだ。

恒次が取締役として東洋工業に再入社したのは1950年7月。北朝鮮軍が北緯38度線を越えて進撃し、朝鮮戦争が始まった翌月のことである。

重次郎は2カ月後に恒次を専務に昇格させ、さらに翌1951年12月には社長の座も譲り、自ら会長に就任した。この年半ばから、重次郎はめまいや心臓の痛みにしばしば悩まされるようになり、それでも様子を見て会議や会合に出席していたが、社長退任から3カ月後の1952年3月9日、発作を起こし帰らぬ人となる。76歳だった。恒次を呼び戻して社長に据え、会社の未来を託したことが重次郎の最後の仕事になった。

一方、恒次が東洋工業に復帰した後「松田精密工作所」は創業者兼オーナーを失い、会社の存続が難しくなる。恒次は会社を離れる際、後事を藤田に託そうとこんなことを提案した。

「『松田精密』は解散することになるが、おカネがないから皆に退職金をあげられない。会社で購入した三輪トラックやその他の機械などは置いていくから、今の仕事を続けてみてはどうか」

藤田は承諾し、社名を「藤田製作所」に変えて新たな創業とし、1953年にはさらに「デルタ工業」に商号を変更する。その後、同社は自動車用シートの製造を主力事業に据え、現在では、従業員約1200人、売上高約500億円（いずれも2020年時点）の規模に成長している。

【注】

（＊1）東京瓦斯電気工業＝東京瓦斯（現在の東京ガス）の機械部門が1910年に独立し発足。1941年に「ヂーゼル自動車工業」に社名変更し、翌年日野製造所を「日野重工業」（日野自動車の前身）として分社。1949年に「いすゞ自動車」に改称した。

（＊2）共立自動車製作所＝安全自動車（東京・港区）の創業者、中谷保が1930年6月に設立。

横浜・鶴見の工場でクライスラー車の組み立て生産を開始した。中谷は1919年8月に東京・赤坂見附など6箇所に日本初のガソリンスタンドを開設したことでも知られる。

（＊3）三共内燃機＝製薬会社の三共（第一三共の前身）が多角化の一環で、米ハーレーダビッドソンモデル車の現地生産を目的に設立した「日本ハーレーダビッドソンモーターサイクル」を1933年に設立。1935年に「三共内燃機」、1936年に「陸王内燃機」に社名変更した。オートバイ「陸王」の生産は戦後まで続いた。

（＊4）中島商会＝1918年に大阪の中島正一が創業。自動三輪車「ヤマータ号」を開発し、大ヒット。後に中島自動車工業と社名変更するが、1940年に中島が死去し、会社は解散。同社の部品部を受け継ぐ形で木越正がナカジマヤ商会を設立し、1963年にナカジマ部品（大阪・福島）と改称、現在に至る。

（＊5）JAPエンジン＝エクセルシオール・モーター社の2気筒エンジン。開発者のエンジニア、ジョン・アルフレッド・プレストウィッチ（1874～1952年）の頭文字を取って命名された。

（＊6）広海軍工廠＝広島県賀茂郡広村（現・呉市）に置かれた。1921年に呉海軍工廠から航空機開発部門が切り離され広支廠となり、1923年に広海軍工廠に。さらに1941年10月に航空機部が独立し、第11海軍航空廠となる。

第6章　ロータリーの光と影

松田恒次が父・重次郎に代わって社長の座についた頃、東洋工業にとって最大の課題は四輪車事業の本格化、中でも乗用車進出だった。

昭和20年代、貨物輸送の主役はまだ三輪トラックだった。恒次が東洋工業社長に就任した1951年(昭和26年)、同社の三輪トラック生産は年間1万台を超え、翌年にはエンジンや車両組立工場、塗装工場など全工程を拡張するため新工場建設に着手する。府中町の本社の一角、2万5700平方メートルの敷地を使い、1953年3月に完成したこの新工場によって、会社全体の生産能力はそれまでの月産1500台から3000台へ倍増し、1954年には年間3万台の大台を突破した。

しかし、昭和30年代に入ると、自動車市場の主役は三輪トラックから四輪トラックへ徐々に移り始める。

恒次が不在だった時代、東洋工業は1度四輪車参入を試みたことがあった。1950年6月に発売した小型四輪トラック「CA型」。排気量1157cc空冷2気筒OHV（オーバー・ヘッド・バルブ）エンジンを搭載したジープタイプの1トン積み車で、既存の三輪トラックの機構を採用することで28万円という、当時の市場では「低価格」で売り出した。ただ、小学校教員の初任給が月額約4000円だった時代である。一般に普及するにはまだまだ高額だった。この「CA型」は35台が売れただけで、2年後には生産中止になっている。

東洋工業が2度目の四輪トラック進出に挑んだのは1958年4月、1105cc空冷2気筒OHVエンジン搭載の1トン車「DMA型」を発売した。「ロンパー」という愛称で呼ばれたこの小型四輪トラックは3人乗りで小回りや耐久性に優れ、使い勝手の良さでユーザーの心をつかんだ。生産開始から3カ月後に月産500台の目標をクリアし、以後1959年3月に「ロンパー」の改良型である「D1500」、1961年8月にエンジンをキャビン前方に収めたボンネット型の「B1500」など、新たな小型四輪トラックを次々に市場に投入していく。

「国民車構想」という爆弾

三輪から四輪への過渡期にあたるこの時期、恒次は乗用車進出で頭がいっぱいだった。悩みを深めたのは1955年（昭和30年）5月18日、自動車業界に激震をもたらした1本の記事である。日本経済新聞朝刊に掲載された「国民車育成要綱案まとまる」との見出しがついた特ダネだった。

「国民車」というのは国内自動車産業の育成・強化のために当時の通産省が打ち出したモデル車を指す。1955年3月、通産省重工業局自動車課長だった柿坪精吾（1917〜2012年、後の日東紡社長）が技官の川原晃（後のトヨタ自動車販売常務）に「フォルクスワーゲンのビートルのような個人向け乗用車が日本でもできないか」とプラン作りを指示したのが端緒になった。川原は約2カ月をかけ専門家らの意見を集約し、構想の概要をまとめたものが日経にすっぱ抜かれたのだ。

記事中「国民車」の条件として挙げられたのは以下の通り。

①最高時速100キロ以上　②乗車定員は4人（または2人と100キロ以上の貨物搭載が可能）　③燃費は時速60キロで1リットル当たり30キロの走行が可能　④大きな修理なく10万キロ以上走れること　⑤原価は1台当たり15万円以下（川原は販売価格を25万

円と想定）で月産2000台　⑥エンジンの大きさは350〜500cc　⑦車の自重は400キロ以下――。

通産省はこれらの条件を満たす車を試作したメーカーの中から、1957年9月末までに1、2次の性能試験を通じて製造会社1社を選抜し、製造設備や販売資金の一部を財政資金から拠出するとともに市中銀行からの融資を斡旋。選ばれたメーカーは1958年10月から量産を開始する。記事はこんな内容だった。

寝耳に水の自動車業界は猛反発し、内容が事前に洩れたこともあり、結局この構想は頓挫する。この年1月、トヨタが発売した「トヨペット・クラウン」は排気量1500ccで価格は98万円。業界の現実と通産省が提示した「国民車」との間には大きな開きがあった。ただ、「排気量350〜500cc」「販売価格25万円」といった条件は、その後メーカー各社が大衆向け量産車を開発する際の目標となった。

恒次が特に気になったのは、「国民車」の諸条件もさることながら、通産省が製造会社を1社に絞り込むと構想案に明記していたことだった。第3章でも触れたように、通産省が主導した「機振法」「特振法」をはじめ当時の産業政策は自動車業界の過当競争を抑えるためメーカー数を絞り込むことを企図していた。

「モータリゼーションの突破口を切り開く新型車の開発を急がねば、政府に会社をつぶされてしまう」

父・重次郎の代から何度も陸海軍の都合に振り回され、〝官の横暴〟に対する苦い思い出が染みついていた恒次の脳裏には常にこんな切迫感があった。

「東洋工業のエース」山本健一

1958年5月、富士重工業（現・SUBARU）が「スバル360」を発売した。排気量356cc空冷直列2気筒エンジンを搭載し、4人乗り、車両重量385キロ、価格は36万5千円と、価格以外は「国民車」の条件をほぼ満たしていた。発表当初から大反響を呼び、初号機に当たる1958年型の販売台数は385台にとどまったが、3年後の1961年型は1万7千台に拡大。車体形状から「てんとう虫」の愛称で人気を呼び、生産が終了する1970年までの累計販売台数は約39万台に達した。

「スバル360」登場で恒次の焦りは一段と増幅された。1959年春、恒次は技術陣に価格30万円の新型乗用車の開発を指示する。富士重工業に先を越された以上、それを下回る値付けをしなければ対抗できない。東洋工業初の乗用車となる「R360クーぺ」のプロジェクトはこうして始まった。

開発リーダーに指名されたのは、後にロータリーエンジンの舞台でも主役となる後のマツダ社長、山本健一である。広島出身の父が日窒の社員として赴任していた熊本・水俣で生まれ、旧制第五高等学校（旧制五高、熊本大学の前身）を経て東京帝国大学第一工学部機械工学科に進学。1944年9月に繰り上げ卒業し、川西航空機（現・新明和工業）に入社するが、半年後の1945年3月に召集され、茨城県土浦市の海軍第一航空廠で海軍技術中尉として終戦を迎える。両親が住む広島に復員し、翌1946年2月に東洋工業入社。反骨精神旺盛で知略に富んだ「東洋工業のエース」であり、恒次が入社以来目をかけていた〝秘蔵っ子〟でもあった。

恒次と山本の出会いは1947年、労使団交の場だった。経営側が「労使は親子も同然。親が苦しい時は子も我慢して欲しい」と情に訴えたのに対し、当時副組合長だった山本が「本当の親なら自分が食わなくても子供に食わせるものだ」と反論。それを聞いていた恒次が「おもしろいことを言うヤツだ」と大いに感心し、山本の名を記憶に刻み込んだ。弁が立ち、人一倍努力家でもあった山本だが、扱いにくさも際立っていた。

恒次が「R360クーペ」の開発を命じた頃、山本は大ヒットした軽三輪トラック

「K360」(1959年5月発売)を市場に送り出したばかりだった。このプロジェクトでも山本と経営陣の間にちょっとした軋轢があった。「K360」は軽三輪トラックの草分けとされるダイハツ工業の「ミゼット」(1957年8月発売)の対抗製品として企画されたが、社長の恒次が「あんなものフラフープ(*1)と同じで、流行は一時的だ」とゴーサインを出さなかった。

山本は「販売の第一線が欲しいと言っているのに造らせないのは許せない」と反発し、本社工場の片隅に作った「秘密の作業場」で設計・開発した。完成すると山本は何も言わずに恒次を工場に連れ出し、試作車を前に「これを造らせてもらいたいんです」と頼み込んだ。恒次は内心「これはいい」とばかりに目を輝かせたが、甘い顔を見せると社長の沽券にかかわると考えたのか「勝手にせい」と捨て台詞を残し行ってしまった。

低価格化、軽量化、しかも短期間の商品化が「R360クーペ」の至上命題だった。数々の難題を背負わされた山本はまず、「K360」と同じ排気量356cc空冷2気筒4サイクルOHVエンジンを選定したが、基本素材を鋳鉄からアルミ合金に変え、さらにエンジンのオイルパンやクラッチハウジングなどにアルミよりも比重の小さいマグネシウム合金を使うなど、軽量化を徹底することで車両重量を「スバル360」を下回る

380キロにした。

他にも、リアウィンドウやサイドウィンドウをガラスでなくアクリル素材にしたり、様々工夫を凝らしてコストを削り、価格は4速マニュアルトランスミッション（手動変速機）タイプで30万円に抑えた。

恒次の開発命令からわずか1年後の1960年5月20日、「R360クーペ」は発売に漕ぎ着けた。予約段階で4500台が成約となり、8月には月販2000台に乗り、年間生産台数は2万3417台に達した。

当然、恒次は歓喜した。「R360クーペ」の発売直前、車に搭載するラジオの性能試験に社長の恒次がたまたま同行したことがあった。場所は広島市内から40キロ余り離れた吉田町（現在の広島県安芸高田市）、毛利家「発祥の地」として知られる吉田郡山城跡がある山奥の街である。恒次はその時の様子を自伝にこう記している。

「クーペのラジオのテストをした時のことである。見ていると、かっぽう着のおかみさん、前かけをした娘さんに、白衣をはおったお医者さんもまじって、もの珍しさにワッと集まってきた。そして値段を知っているだけに、この人たちは『私たちにも買える身近な車だ』という親しみをもってくれた」

「Ｒ３６０クーペ」の大ヒットで勢いがついた東洋工業は軽三輪トラック「Ｋ３６０」と共に生産台数を伸ばし、１９６０〜６２年の月産ベースでトヨタや日産自動車を上回る「快挙」を成し遂げた。この勢いで生まれた自信と確信が、そのまま恒次をロータリーエンジン開発に駆り立てていくのである。

松田家の世代交代で会社に波紋

恒次が東洋工業に復帰して10年後、会社は需要が堅調な三輪トラックをベースに四輪車から、さらに乗用車へと次々に事業を拡張し、経営は順風満帆と誰もが思った。だが、そんなタイミングで突如断行された松田家の世代交代の動きが社内に波紋を呼び起こす。この年、恒次は66歳になっていた。

１９６１年6月、恒次は、系列ディーラーの広島マツダ社長を務めていた長男の耕平をいきなり副社長として東洋工業に迎えた。

当時39歳の御曹司の抜擢人事に社内外で驚きの声が上がり、役員陣からも反発が起きた。恒次は自著『合理性・人間味』の中で、わざわざ「親馬鹿の記」という章を立て、その釈明に多くの文字を費やしている。

「2代目とか社長の息子とかいう問題は、企業の大小を問わず、いろいろと取り沙汰されるものだ、うまくいく、悩みとなる場合など、さまざまなケースがある。私はじっくりと思案した末、息子を入れるなら副社長として入れてくれと主張した。それがダメなら現状でおく、といった」

これに続けて、長男にナンバー2のポストを与えた理由について、後継者を明確にしておかないと、次の社長を狙う有力幹部を領袖に頂く派閥の争いが起き、「会社を割ることになるのを恐れた」と恒次は説明している。

「私の下には専務が2人、常務が3人いた。そこへ私の息子が入るとなると、次の時代はだれが筆頭に出るかと、社内中があれこれ詮索することになる。つまりエスカレーターが4本も5本もできるというわけだ」

5人の役付き取締役の中で、とりわけ恒次が警戒していたのが2人の専務。1人は恒次の異母妹の婿である村尾時之助、もう1人は重次郎から恒次まで親子2代の秘書を長く務めた河村郷四である。いずれも会社の功労者であり、社内外に豊富な人脈を有する実力者だった。

2人が忠誠心を疑われるような言動をしていたわけではない。村尾は親族だったし、河村はほぼ毎日の出退勤時に恒次の車に相乗りし、緻密なコミュニケーションを欠かさないという、まさに腹心の部下だった。

ただ、すでに触れたように恒次には終戦2年後の1947年から3年間、父親が社長として君臨していたにもかかわらず、労組や役員の「同族経営批判」によって会社を追われたというトラウマがあった。息子に同じような経験をさせてはいけない——。その思いがこの強引な人事に結びついた。

恒次は義弟にあたる村尾には警戒を緩めなかったものの、気遣いも欠かさず、耕平に対する風当たりが弱まった1967年に副社長へ昇格させた。一方、河村については、耕平の副社長就任から3年後の1964年に広島商工会議所会頭へ転出させている。

地元経済界の有力ポストとはいえ、長年の功労者の処遇としては恒次自身にも忸怩《じくじ》たる思いがあった。この人事を本人に告げた時の恒次の言葉はたったひとこと。「わかってくれ、河村君」だったという。

3代目・耕平の生い立ち

耕平は父と祖父の深い愛情を一身に受けて育った。

1922年（大正11年）1月28日、耕平は母・美佐子の里である大阪府中河内郡巽村（現在の大阪市生野区）で生まれた。重次郎は自分に相談もなく母・美佐子との結婚を決めたと恒次を責め、事実上の勘当としたため、耕平は2歳の年まで祖父とは会う機会がなかった。

ところが、重次郎の援助を受けられず大阪での生活に窮乏した恒次が、意を決し、妻と息子を連れ広島の父のもとを訪ねると、初めて孫の顔を見た重次郎は相好を崩して喜び、勘当を解いた。だが父子の和解も束の間、この時からわずか9年後の1933年、美佐子は病で早逝。恒次はそれから6年後の1939年に紀和索道（＊2）取締役、峠正美の次女・静代と再婚し、長女・幸が生まれる。ただその後、恒次と静代は子宝に恵まれることなく、耕平は松田家「宗家」の唯一の男子として少年期、青年期を過ごした。

重次郎の耕平への愛情の深さは、時に周囲を驚かせるほどだった。後年の話になるが、耕平は慶應義塾大学法学部政治学科在学中の1946年2月にマツダモータース（広島マツダの前身）取締役となり、大学卒業から3年後の1950年、28歳の時に筒井勢津子と結婚する。

勢津子の父は船舶ポンプやタービンを製造する新興金属工業所（現・シンコー、広島市）

の創業者、筒井留三である。重次郎にとって、ポンプ製造は松田製作所（現・OKK）時代の主力事業であり、同じ生業を持つ筒井家との縁組を誰よりも喜んだ。結婚式の席上、重次郎はうれしさの余り顔も上げずに泣き続け、ようやく顔を上げたと思ったら、何度もお色直しをする花嫁を見て「あんなことさすな、疲れるやろ、かわいそうに」と言って、またホロホロ泣き出したという。

とはいえ、祖父に溺愛された耕平が、孤独を感じたことがなかったとは言い難い。地元の幟町尋常高等小学校を卒業後、私立修道中学校に進学するが、在学3年で東京の私立京北中学校（＊3）へ転校する。理由は「家庭の事情」とされているが、この転校の翌年、恒次が再婚しており、父が新しい家庭を持つことと関係があったのかもしれない。11歳で実母と死別し、16歳の時に中学校の級友とも引き離され、「別れ」の多い少年時代でもあった。

前述のようにマツダモータースの取締役として社会人の第一歩を踏み出した耕平は、工場を仕事場に製造部門を差配した重次郎や恒次と異なり、販売・営業部門を歩んだ。戦後生産をいち早く再開した三輪トラックをはじめ、ヒット商品になった小型四輪トラック「ロンパー」や初の乗用車「R360クーペ」、さらにわずか74台の生産にとどまった「CF型」四輪消防自動車まで、あらゆる「マツダ車」を耕平は売り歩いた。「創業家の御曹司」としてチヤホヤされることよりも、「靴底をすり減らしながら田舎町を歩き回った〝ドブ板営業〟のことばかり思い出す」と若き日の耕平の姿をマツダモータース時代の部下だった熊野巧(1930年生まれ)は振り返る。恒次はこの時期の耕平に対する自分の思いを次のように語っている。

「車の販売のほか、金融の面などで相当苦労していたようだ。しかし、東洋工業の経営者であり父親である私としては、彼をまだまだ苦労させ、勉強させて、一人前の経営者に成長させねばならなかった」

アメリカの工場で武者修行

3代目としてのエリート教育が始まったのは1956年11月、米工作機械メーカーのシンシナティ・ミリング・マシン社に研修留学してからだ。販売・営業や経理のデスクワークだけでなく、耕平には額に汗して働くことも経験させようと恒次は考え、しかもそれを日本ではなく、アメリカで経験させることにした。かねて親交のあったシンシナティ・ミリングの副社長に「息子を預けるので、あなたのところで色々と叩き込んでもらえないか」と頼んだところ、「それは結構だ。すぐに寄越しなさい」と二つ返事で受け入れてくれた。

実際、耕平は現地の工場で作業服を着てハンマーを持ち、米国人ブルーカラーに混ざって働いた。期間は約1年半。渡航先のオハイオ州シンシナティは当時、人口約50万人の大都市だった（２０２０年現在約30万人）が、日本人はほとんど見当たらず、そんな場所へひとりで放り出されたおかげで耕平は労働者のスラング（俗語）が理解できるほど英語が上達した。

時期は前後するが、留学に出る半年前の１９５６年5月、マツダモータースは「広島マツダ」に社名変更し、耕平は社長に就任していた。渡米後も肩書はそのままだったため、形式上は自動車ディーラーの「社長」が留学し、アメリカの工場でハンマーを叩いて工作機械を作っている、という風変わりな話になった。逆にいえば、耕平が営業マンの先頭に立って「マツダ車」を売り込まなくても問題が生じないほど、当時の広島マツダの経営が安定していたということになる。

シンシナティから帰国したのは１９５８年5月、耕平は渡米前と同じように広島マツダ社長のポストに戻った。恒次は「R３６０クーペ」の発売から1年後の１９６１年６

月、「乗用車進出成功」の評価が定まったタイミングで、耕平の東洋工業入りと副社長就任に踏み切った。

耕平にとって、当然のことながら、副社長就任は誇らしく、自分の気持ちもさることながら、恒次の喜び様が印象深く記憶に刻まれた。後に耕平は当時のことをこう振り返っている。

「父が私の部屋に入ってきたのは1度しかなかった。それも私が東洋工業に入社した最初の日です。父はよほどうれしかったのか、当時の副社長室に訪ねてきて、机や椅子の配置など、こまごまと指図してくれました」

恒次の死、耕平の社長就任

こんな父子の愛にあふれた光景はしかし、その後周囲の人々の間にしこりを残し、やがては大きなツケとなって松田家に戻ってくる。

例えば、当時東洋工業の社外取締役を務めていた広島相互銀行（もみじ銀行の前身）社長の森本亨（1895〜1987年）の回顧談によると、同じく社外取締役だった山陽木材防腐（現・ザイエンス）創業者の田中好一（1894〜1981年）が耕平の副社長就任を

「まだ早い」と強く反対したという。

田中と恒次は「刎頸の交わり」と言われるほど親密な関係で、２人が中心となってつくった広島の財界人組織「二葉会」はカープ球団の創設とその後の支援をはじめ、広島市公会堂（現在の広島国際会議場）や広島市民球場の建設など、被爆都市の復興推進のため強力なリーダーシップを発揮した。そんな２人の仲に亀裂が入りかねないほど、耕平の副社長人事に違和感を覚える向きが少なくなかったのだ。

東洋工業が悲願のロータリーエンジン量産に世界で初めて成功し、その搭載車「コスモスポーツ」を世に送り出したのが１９６７年。翌１９６８年には主力車「ファミリア」「カペラ」にも同エンジンを搭載し、「ロータリーのマツダ」という先進イメージの定着を進めていった。

創業50周年を迎えた１９７０年1月、恒次は記念式典でこう宣言した。

「１９７０年代はロータリーエンジンの時代である」

東洋工業は１９７０年代の終わりには、世界の自動車の大半にロータリーエンジンが搭載されると想定していた。恒次はモータリゼーションならぬ「ロータリゼーション」という造語を披露し「東洋工業はその中心的勢力として不動の地位を占める」と自信満々に語った。「ロータリーエンジンで世界を制覇する」という恒次の夢を叶えるべく、この年4月に対米輸出を開始する。さらに8月には米GMがマツダと技術導入契約を結び、小型車やコンパクトカーの一部にロータリーエンジンを搭載する計画が進んでいるとの新聞報道もあった。

しかし、こうしたロータリーエンジンの躍進が伝えられる中、恒次は病魔に襲われる。1970年6月に肺がんと診断され、社長在任のまま、75歳の誕生日を9日後に控えた11月15日に世を去ってしまう。耕平が社長の座に就いたのは翌16日である。まさに乾坤一擲のロータリーエンジンを前面に押し立て、大攻勢に出る時期に重なっていた。

鹿島元社長の回想

話は少し脇道に逸れるが、鹿島建設元社長の中村満義（1943年生まれ）は入社間もない頃、建築部門の営業マンとして東洋工業を担当していた。慶應義塾大学の学生時代に出合い、大恋愛の末に結婚した妻の美保子は広島出身。その母・吉田スミは戦後市内繁華街で洋装店「クローバー」を経営しながら、原爆孤児の親代わりとなって多くのこどもたちを育てた伝説の女性だった。そして、そんなスミを応援していた地元経済界の重鎮の1人が東洋工業社長の松田恒次だった。

　こうした縁もあって、中村は恒次の目に留まり、松田家にほぼフリーパスで出入りできるようになった。恒次の長女の本原幸は「あの頃、中村くんがウチへ来ると必ずといっていいほど、父が早く帰宅していた。いったいどこで父の帰宅時間を調べてくるんだろうと不思議だった」と笑いながら振り返る。

世界初のロータリーエンジン搭載量産車「コスモスポーツ」
（マツダ提供、人物は当時の松田恒次社長）

　ただ、だからといって身近な付き合いが受注に結びつくほど、ゼネコンの営業は甘くない。当時の東洋工業を得意先としていた大手ゼネコンは竹中工務店や清水建設である。先代の重次郎の時代から仕事を請け負ってきた〝密な関係〟に割って入るのは容易なことではなかった。

　恒次の晩年に近いある年、中村は唐突に声をかけられた。

「今度の株主総会にはついて来い。間近で見とけば、きっとおまえの勉強になる」

中村が恐る恐る「東洋工業の株は持っていないんですが……」と答えると、「ばかやろう、それくらい買ってこんかい」と笑みを含んだ怒声が飛んだ。中村は父に借金して1000株を買った。

当日の総会は荒れ模様だった。ロータリーエンジン開発への投資負担が重く、巷で話題になる割に東洋工業の業績はパッとしなかった。前列に陣取った総会屋とおぼしき数人の株主が「株価下落の責任を取れ」と連呼していた。

だが、議長として対峙する恒次はそんな挑発に応じることなく、生まれながらの大阪弁で諭すように株主と対話した。

「この総会、私は最後まで必ずお付き合いします。ただ、耳は1つしかおまへんから、1つずつ言ってくれなはれ」

「うまいことをいうものだ」と中村は感心したものの、手練れの総会屋たちはそんなことでは怯まない。「大損だ」「カネ返せ」などと罵声を浴びせ続ける。ところが、それに応じて恒次が発した台詞がまた振るっていた。

「アンさんは何株持ってはるんですか。ワシは何万株も持ってますねん。それが紙くずになったら破産ですわ。そやから一生懸命、命懸けでやってます。なんならアンさんの持っている株、倍の値で買いまひょか」

会場は万雷の拍手だった。

それから30年余り後、中村は鹿島の社長として初めての株主総会を終えた後、広島・向洋にある恒次の墓を訪ねた。府中町のマツダ本社工場を一望できる丘の上に立つ恒次の墓の前で、中村は「あなたのおっしゃった通り、あのとき間近で見た光景が役に立ちました」と報告した。

大阪の土地売却を巡る逸話

中村が東洋工業の建築案件を本格的に受注できるようになったのは、府中町の本社の主が耕平になってからだった。前述のように、肺がんを患って死去した恒次に代わり、耕平が副社長から社長に昇格したのは1970年11月16日である。この代替わりから間もない頃、中村は耕平に呼ばれ、ある案件を持ちかけられた。

「あんたのとこの会社で大阪の土地を買ってくれないか」

耕平は単刀直入に言った。

場所は大坂城の近く、戦前戦中は旧大阪砲兵工廠があった地域である。同工廠は終戦前日の1945年8月14日の空襲で施設の約80％が焼失し、戦後は長らく更地のままだった。その界隈は1960年代になって再開発計画がスタートし、現在は大阪ビジネスパーク（OBP、大阪市中央区）や大阪城ホールなどが立ち並んでいる。その近辺に重次郎の代から保有していた数千坪の土地があったのだ。

中村は耕平の言い値は35億円だったと記憶していた。東京に持ち帰り、本社でその土地の鑑定をしたところ、弾き出された評価額は東洋工業の言い値に達せず、ざっと10億円の開きがあった。

この案件は役員会にも諮られたが、「高過ぎる」と却下された。だが、中村は諦め切れない。なんとか耕平の期待に応えたい。高値で土地を買っても、その分多くの工事を受注できれば、逆に会社の利益になるはずだ。

中村がそんな思いを巡らせていると、当時営業部門の上司だった常務（後に副社長）の小島三雄が「ついて来い」と言う。向かった先は文京区にあった鹿島邸。会長の鹿島守之助（1896〜1975年）は当時、毎日は出社せず、自宅で執務することが多かった。小島は中村と割り勘で購入した土産のメロンを持参し、東洋工業の土地買収に関する書類を取り出した。

「なんだこれは。もう役員会で否決されたんじゃないのか」

訝る守之助に対し、小島は将来の受注拡大の可能性を勘案しての再考を求めた。

しばらくして、守之助は後ろに控えていた中村に目をやり「そこの若いの、おまえはこれで東洋工業からどれくらい工事が取れる」と尋ねた。「100億は」と返す中村。

「粗利10％で（評価額との差額の）10億円になる。ちょうどよいではないか」

守之助のこの一言で流れは一転する。再度役員会に諮った結果、土地買収は実現した。

もちろん、耕平は歓喜した。中村が吉報を持って社長室に訪ねると、待ち構えていた耕平は目の前でパッと本社のある安芸郡府中町周辺の地図を広げ、ある一点を差した。

そして「ここの工場の新築を任せる」と言い放った。


不況になってもブレーキを踏まず……

繰り返しになるが、世界初の量産ロータリーエンジン搭載車「コスモスポーツ」を世に送り出したのが1967年であり、翌1968年には主力車「ファミリア」「カペラ」にも同エンジンを搭載。さらに1970年4月には対米輸出も始めた。父・恒次が逝ったのはその7カ月後である。ロータリーエンジンが大攻勢に出る、まさにそのタイミングだ。研究開発、新工場建設、ディーラー網拡充など資金がいくらあっても足りない。

一方でメーンバンクの住友銀行はそんな東洋工業の前のめりの拡大戦略を不安視し、月ごとの信用枠を決めて新社長の耕平にタガを嵌めようとした。手足を縛るような銀行の姿勢に不満な耕平は、社長就任早々、自前の資金を捻り出す必要に迫られていた。その一例が、中村を通じて鹿島へ持ち込んだ土地売却だったのだ。

恒次ならば、懇意の住銀頭取、堀田庄三との膝詰め談判で新規の融資を勝ち取ったかもしれない。しかし、耕平にそんな芸当は不可能だった。父とは対照的に、他人と密なコミュニケーションを取るのが得意でなかった。耕平の長男・元は父と祖父のキャラクターの違いをこう表現する。

「祖父の恒次は生粋の大阪弁。いつでも柔らかく包み込むように話すのだが、おやじは早口の広島弁。時にはきつい言葉で、相手をドンドン追い詰めてしまうようなところがあった」

耕平が社長に就任したのは戦後最長といわれた「いざなぎ景気」（1965年11月〜1970年7月）が途絶えた直後である。翌1971年8月には米大統領リチャード・ニクソンがドル紙幣と金の兌換を一時停止する「ドル・ショック」（第2次ニクソン・ショック）が起き、世界経済が大混乱に陥った。

不況の兆しが垣間見えても、耕平はブレーキを踏まず、怯むことなく設備も人員も拡大路線を突っ走った。その理由を妹の本原幸は「『不況の時こそ成長の好機』という祖父の教えをかたくなに守ったからではないか」と推測する。

言うまでもないが、景気低迷期には物価全般が下落し、失業者が増え、従業員採用も「買い手市場」。工場を新設しようと思えば、土地や機械、さらに工費も安く、人手を増やすのもたやすい。重次郎の時代、コルクから三輪トラックへの業態転換は昭和金融恐慌とその回復期に重なっていた。まさに「不況の時こそ成長の好機」だったのだ。

耕平も祖父に倣って、不況を恐れず、アクセルを踏み続けた。

「『いざなぎ景気』後の不況の際は早めに回復して事なきを得た。ところが、社長はそれで味をしめて、オイルショックの時も強気で通した」

当時の労組幹部は経営トップの判断ミスをこう批判している。

決算に表れた「水膨れ体質」

耕平の社長就任当初の業容拡大は目覚ましかった。恒次時代の最後の決算となった1970年10月期（1989年に3月期に変更するまで決算期は10月、以下いずれも単体決算）の売上高は2217億円だったが、これが1971年10月期2705億円、1972年10月期3443億円、1973年10月期4562億円と伸びていき、1974年10月期には5182億円とわずか4年で2・3倍の増収を記録している。

設備投資拡大など資金需要も旺盛で、この4年間に有利子負債も2294億円から3159億円へ1000億円近くも膨らみ、従業員も2万5920人から3万5325人へと約1万人増えている。

ただ、利益に目を転じると、売上高の伸びとは逆に頭打ちになっている。1970年10月期の経常利益が145億円だったのに対し、その後は78億円、133億円、136億円と伸び悩み、1974年10月期には67億円へ沈んでいる。この決算数字からだけでも耕平時代の東洋工業が水膨れ体質に陥っていたことが窺える。

1973年10月、第4次中東戦争をきっかけに勃発したオイルショック（第1次石油危機）が東洋工業を直撃する。世界のカーマニアから「静かで高出力の画期的なエンジン」と高い評価を受けてきたロータリーエンジンだったが、最大の弱点は燃費の悪さだった。ライバルメーカーの低燃費車がリッターあたり20キロ以上を走っていたのに対し、当時のロータリーエンジン搭載車は6〜7キロ。そこでガソリン価格が3〜4倍に跳ね上がれば、当然のことだが、客離れは避けられない。

それまで、米国のユーザーや消費者運動家は、厳しいマスキー法（＊4）の排ガス規制を自社開発のサーマルリアクター（熱反応器）によってクリアした東洋工業に対して高い評価を与えていた。ところが、オイルショックでガソリン価格が急騰すると一転し、ロータリーエンジン搭載車に「ガス・ガズラー（ガソリンがぶ飲み車）」という有り難くない呼び名を贈った。

耕平、「進駐軍」の住銀によって解任

オイルショックのダメージが深刻化するのは1975年10月期決算から。売上高は4965億円と減収幅は4・2％にとどまったが、経常利益は173億円の赤字に転落。危機感を強めた住友銀行は1976年1月に常務（後に副頭取、その後アサヒビール社長、JR西日本会長などを歴任）の村井勉（1918〜2008年）を副社長として東洋工業へ送り込む。

折しもこの1975年は、住友グループの有力商社である安宅産業の巨額損失問題、いわゆる「安宅危機」が発覚した年でもある。カナダの製油所への巨額投資がオイルショックで頓挫し、約1000億円が回収不能になったことがきっかけだった。

メーンバンクの住友銀行は当時副頭取だった磯田一郎（1913〜93年）をリーダーに特別チームを組み、住銀主導下で安宅産業の事業の解体処理を進めた。最終的には1977年に伊藤忠商事へ吸収合併させることで危機を乗り切った。「東洋工業も安宅産業と同じ目に遭うのではないか」という不安を、耕平はもちろん、多くの幹部・社員が抱いていた。

その住銀の「進駐軍」の先鋒として乗り込んできた村井は、4つ歳下の耕平を「コーちゃん」と呼び、表面上は良好な関係を保ったが、1977年6月に安宅処理の立役者である磯田が住銀頭取に就任すると、東洋工業再建のスピードアップを図るため、耕平はじめ経営陣にプレッシャーを掛けるようになる。

住銀進駐後、東洋工業の業績は1976年10月期に売上高5882億円と前期比18％増え、経常損益は56億円の黒字に転換し、1977年10月期には売上高6283億円

（7％増）、経常利益82億円（46％増）と持ち直した。ただ、１９７７年10月期の決算数字を聞いた磯田はこんな辛辣なコメントを発した。

「東洋工業はまだ問題が山積している。借金返済が進んだのも、金利を棚上げしてのものだし、円高の影響で再建の速度は半年ぐらい遅れている。それに発表すべき新車のタネも少なくなった。いまの東洋工業の規模なら、経常利益を１５０億円ぐらいは出さなきゃいかんのだ」

当時、耕平は新型車の開発に熱を入れていた。車名は「サバンナ　ＲＸ－７」。２人乗りスポーツカーで、ロータリーエンジン搭載車としては3年ぶりの新車だった。燃費を40％改善したのに加え、なにより当時はまだ珍しかったリトラクタブル（格納式）へッドライトの採用が発売前から話題になっていた。

だが、メーンバンクの頭取の歯に衣着せぬ経営批判を浴びた耕平は、１９７８年3月の「ＲＸ－７」発売を前に社長退任に追い込まれる。１９７７年12月22日、東京・大手町の経団連会館で開いた記者会見で、耕平は自身の代表権のない会長就任と、専務だった山崎芳樹（１９１４～２０１４年）の社長昇格を発表する。

「新しい人事の結果、私はこのたび会長に就任しまして、私の後任には山崎専務が昇格することになりました。私は会長として、今後は大所高所に立って、アドバイスをしていくつもりです」

普段は饒舌に記者に語りかける耕平が、この日は紋切り型の声明を言い放っただけで会場を後にした。時間にして5分足らず。無念さが滲み出ていた会見だった。

実は、会見5日前の12月17日付の日本経済新聞が夕刊1面で「東洋工業、山崎専務の社長昇格内定、松田社長が住銀に辞意表明へ」と報じていた。

住銀周辺からのリークとみられ、この報道後に詰めかけたメディア各社の記者に対し、住銀幹部は「過去の経営不振の責任をとって、自発的に松田氏は退かれました。事情が事情なので引退を引き留めるようなことはしませんでした」と事実関係を認めた。また、「進駐軍」の村井も「業績回復のメドが立ったため、人心一新ということで、社長交代を耕平氏自らが決意した」と説明した。誰もが「住銀のお膳立てによる社長交代劇」との印象を持った。

耕平から社長ポストを引き継いだ山崎は広島県安芸郡仁保島村（現在の広島市南区）の旧家に生まれ、広島高等工業学校機械工学科（広島大学工学部の前身）を卒業し、１９３８年に東洋工業に入社した。技術者として主に生産技術畑を歩んだが、専務時代には副社長の村井の下に居て、オイルショック後の合理化を進める実戦部隊のリーダー役を務めた。学生時代からサッカー選手として活躍し、東洋工業蹴球部（サンフレッチェ広島の前身）の創設者でもある山崎は「強者に逆らえない典型的な体育会系」。山崎の社長抜擢を磯田に推薦したのはもちろん「進駐軍」の村井である。

山崎社長誕生の一方で、耕平の側近で秘書役をかねていた常務の石橋正が解任されるなど、新体制は「住銀傀儡」の色が一段と鮮明になった。ただ、東洋工業生え抜き役員の間で耕平の社長続投を望む声は少なかった。

「耕平さんは社長になった時、お父さんの恒次さんに仕えていた有能な幹部を何人も経営の中枢から外してしまった。『先代の時はこうでした』と忠告されるのが鬱陶しかったのでしょう。その人たちがもし残っていたら、味方はもう少し多かったはず」

創業家の事情に詳しい関係者はこう指摘する。

住銀主導でフォード傘下に

松田家の同族経営に終止符が打たれたことで、磯田は腹心の部下だった当時の住銀常務、巽外夫（1923〜2021年）に差配させていた東洋工業と米フォード・モーターの資本提携を憂いなく進めることができた。フォードとの提携については、恒次の時代から交渉が続いていたが、恒次が描いていたのはあくまでロータリーエンジン車の世界展開のパートナーとしてのフォードであり、交渉責任者の耕平には東洋工業が受け入れ可能な出資比率は「20％まで」と固く言い渡していた。

これに対し、住銀は創業家主導の東洋工業の経営体制を信用せず、フォードの出資比率を引き上げて傘下に組み入れてしまおうと考えていた。結論を先にいえば、耕平の更迭人事から1年半後の1979年5月、東洋工業とフォードは資本提携で合意する。フォードの出資比率は「最高25％」とされた。

余談だが、耕平の社長解任から13年後の1990年に住銀は「5000億円が闇に消えた」とされるイトマン事件を起こし、同行会長の磯田は最高実力者としての責任を問われ、辞任を余儀なくされている。この時、磯田解任を最終決断したのが頭取だった巽である。事件発覚当時、マツダの取締役相談役に退いていた耕平は、「住銀の天皇」として君臨した磯田が引き起こした前代未聞のスキャンダルをどのような思いで見ていたのだろうか。

一方、マツダ（1984年に東洋工業から社名変更）では1991年に住銀出身の和田淑弘（1931〜2015年）が社長に就任したが、1980年代後半のバブル期に展開した無謀な販売チャネル拡大のツケが回り、業績は惨憺たる状況に陥った。

マツダは1994年3月期から1998年3月期まで5期連続の最終赤字を計上した。

カープ初優勝のパレードを前に、満面の笑みを浮かべる松田耕平（『松田耕平追想録』より）

バブル崩壊で苦境に追い込まれたメーンバンクの住銀は、1996年に同行OBで社長の和田を解任するとともに、フォードの出資比率を高めることで自行のリスク回避に動いた。1996年4月、フォードはマツダへの出資比率を33・4％に引き上げ、系列会社として傘下に収めると発表した。

東洋工業の経営では苦杯をなめた耕平だったが、父・恒次の後を継いで就任した広島東洋カープのオーナーとしては歓喜の瞬間を味わった。

1975年10月15日、シーズン途中に就任した監督の古葉竹識（1936〜2021年）率いるカープは後楽園球場での巨人戦に勝利を収め、1950年の球団創設以来のセ・リーグ初優勝を決めた。広島市中心部に約30万人が集まった優勝パレードでは満面に笑みを浮かべた耕平の姿を当時の写真で確認できる。

ただ、この初優勝と重なる1975年10月期決算で、東洋工業は経常損益で173億円の赤字転落となり、2年後の耕平退任へ繋がるレールが敷かれていく。

東洋工業からカープへ——。松田家は大きな転換期を迎えていた。

【注】

（＊1）フラフープ＝直径1メートルほどのプラスチック製の輪。人が中に入り、腰で回す遊びが大流行したが、やり過ぎたこどもが内臓障害を起こしたことなどがきっかけで、ブームは1カ月余りで終息した。

（＊2）紀和索道＝和歌山県橋本市から奈良県吉野郡野迫川村までを結んだ貨物専用の索道（ロープウェー）を運営する会社。索道は1922年から1950年まで稼働した。

（＊3）京北中学校＝哲学館（東洋大学の前身）の創立者である仏教哲学者、井上円了（1858～1919年）が1899年に開校。戦前、旧制第一高等学校（一高）などへの進学校として知られていた。

（＊4）マスキー法＝正式名称は大気浄化改正法。1970年に上院議員エドムンド・マスキー

（1914～96年）が提案したことから、この愛称で呼ばれるようになった。1975年以降に製造する自動車の排気ガス中の一酸化炭素（CO）と炭化水素（HC）の排出量を1970～71年型車の10分の1に、1976年以降に製造する自動車の窒素酸化物（NOx）の排出量を1970～71年型車の10分の1に、それぞれ削減することを義務づける内容。

第7章　もうひとつの創業

２０１９年5月、広島市のマツダスタジアム内にある広島東洋カープの球団事務所。執務室のソファで向かい合った社長兼オーナーの松田元は普段と変わらぬ穏やかな笑みを浮かべていた。

前夜、広島県三次市の「三次きんさいスタジアム」で行われた対中日戦。3対2の僅差で逃げ切って8連勝となり、開幕直後を除き初めて首位に立った。

シーズン当初は低迷し、4月7日から10日間以上も最下位に沈んだ。誰もが思い浮かべた不振の原因は、前年まで2年連続でセ・リーグMVPに選ばれた外野手、丸佳浩のフリーエージェント（FA）宣言と巨人への移籍である。

「負けが込んでいた時に改めて『惜しかった』と感じたのでは」と元に尋ねると、こんな答が返ってきた。

「ワシらはプロじゃからね。感情的になっていられない。この選手がいなくなったら次のチームをどう作っていくのか。そんなことを始終考えていなきゃいかんのよ」

ＦＡの権利行使を宣言した選手の引き留めや獲得をしないのはカープの伝統ともいえる。日本のプロ野球は１９９３年に導入されたドラフトの逆指名制度とＦＡ制度によって、チームの戦力が球団の資金力に大きく左右されるようになった。

カネで有力選手に逃げられたチームは弱体化し、負けが嵩むことでファンが離れる。主催試合の観客が減り、テレビ中継の視聴率も下がれば球団の収入が落ち込み、それが一段と資金力を低下させる——、こんな悪循環に陥ってしまうのだ。カープが１９９１年から四半世紀も優勝できなかったのは、まさにこうした負のスパイラルに嵌まってしまったからだった。

ＦＡ権の行使によって１９９４年の川口和久投手と１９９９年の江藤智内野手は共に巨人へ、２００２年の金本知憲外野手と２００７年の新井貴浩内野手は阪神へ、さらに新井と同じ２００７年には黒田博樹投手も米大リーグ（ＭＬＢ）へ去った。

ドラフトでは１９９８年に1位指名を決めていた地元広陵高校出身の二岡智宏内野手が巨人を逆指名。一方、外国人選手の争奪戦でも、２００４年に強打の内野手だったアンディ・シーツが高額年俸を提示した阪神へ移籍する一幕があった。

主力選手が次々にライバル球団へ流出し、有望な新人にもそっぽを向かれたら、当然のことながらファンのフラストレーションは高じる。

「『どうして勝てんのか』という批判はまだしも、『ケチ』と言われることがつらかった」

当時を振り返って元は苦笑する。

親会社を持たない唯一の球団

高額年俸を払いたくても払えなかったのだ。FA制度やドラフト逆指名で選手の人件費は跳ね上がったが、膨らみ続けた支出を惜しげもなく賄えたのは巨人、阪神、ソフトバンク（2004年までダイエー）など一部の球団に限られていた。収益の逼迫は大半の球団に共通していたが、カープには他の11球団と異なる特殊事情があった。カープは親会社を持たない唯一の球団だからである。

株式会社広島東洋カープの筆頭株主は30％強を保有するマツダである。しかし、同社は毎年の有価証券報告書で「主要な持分法非適用会社」として広島東洋カープを挙げ、その理由を「小規模であり、全体として連結財務諸表に重要な影響を及ぼしていない」と明記している。わざわざ注記事項に掲げているのは「大株主だが、親会社ではない。経営に口を挟まないが、信用保証もしない」（マツダ関係者）という明確な意思表示とみるのが正しい。

執務中のカープオーナー・松田元（著者撮影）

実質的な筆頭株主は松田家。一族の保有株式を合わせればマツダを上回る40％強になる。元の祖父である恒次や父の耕平が東洋工業とカープの社長を兼務していた時代には、両者の独立性はさほど問題にならなかった。

現在でも球団名に入っている「東洋」は言うまでもなく、マツダの旧社名「東洋工業」にちなんだもの。球団名に「東洋」が加えられたのは１９６７年。この年、東洋工業は新開発のロータリーエンジン「10Ａ型」を搭載した初の量産車「コスモスポーツ」を発売し、市場で高い評価を受けたことは紹介した。

当時の東洋工業社長兼球団オーナーだった恒次は球団支援金の税務対策だけでなく、ロータリーエンジン搭載車の世界市場制覇と万年Bクラスのカープの飛躍への思いを重ね合わせ「広島東洋カープ」という球団名を考案した。ただ、この「東洋」を球団名に入れる際、恒次は「カープを私する気はない」とくどいほど繰り返している。

1970年、恒次は悲願のカープ初優勝を見ることなく世を去るが、社長兼オーナーを引き継いだ長男の耕平の下で、山本浩二外野手や衣笠祥雄内野手を擁して「赤ヘル旋風」を巻き起こし、1975年にセントラル・リーグの頂点に立つ。

ただ、恒次のもう1つの夢だったロータリーエンジンは1973年の第4次中東戦争をきっかけに起きたオイルショック以降、燃費の悪さが弱点となり需要が急減。東洋工業の業績は悪化し、その責任を問われて耕平が1977年12月に社長を退任したことは、第6章で詳述した。

東洋工業と松田家がたもとを分かったことは当然カープの経営基盤に影響する。大企業の後ろ盾を失い、債務の保証など望むべくもなくなる。取引金融機関の視線は厳しくなり、単年度でも赤字を出せば即座に「経営危機」となる。

カープ球団は初優勝した1975年12月期から、新型コロナウイルスの感染拡大で主催試合の観客動員が4分の1弱に激減する直前の2019年12月期まで45年連続で黒字を続けてきた。だが、オーナー兼社長の元に言わせれば、それは「黒字経営を続けなければ球団を維持できなかった」からだ。

官報などのデータをもとにカープの業績をたどると、1990年代半ばまで当期利益は概《おおむ》ね1億〜2億円台だが、FAやドラフト逆指名が制度として浸透し、人件費の膨張に拍車が掛かった1999年以降、千万円台に低下している。巨人や阪神のように、先発メンバーに1億円プレーヤーを何人も並べる余裕などあるはずがなかった。

「よそと違う方法を見つけなければといつも考えていた。広島のチームとして戦力を整えるためには、他球団は目を付けないけれども素質のある選手を見つけ、彼らを一人前に育てる。そうすればもう一度優勝できるチームが作れるんじゃないかと。ところが、それがうまくいかず、25年もかかってしまった」

2016年に四半世紀ぶりの優勝を決めた際、元は来し方をこう振り返っている。

「カープ・アカデミー」誕生秘話

その後、2018年までの3連覇を通じ、チームを支えてきたのは菊池涼介内野手や田中広輔内野手、鈴木誠也外野手、会沢翼捕手のほか、移籍した丸を含め、いずれも生え抜きの選手。菊池と田中を除けば高卒入団ばかりだ。元の「育てて勝つ」戦略は見事に実を結んだのである。

人材育成は国内ばかりではない。1990年にドミニカ共和国に開校した「アカデミー・オブ・ベースボール」（通称カープ・アカデミー）は当時球団オーナーだった耕平の発案である。1988年、MLBのウインターミーティング（マイナーリーグを含めた全チームが年末に来季の運営や有力選手の去就などについて話し合う会合）に参加した際、耕平は「大リーグの宝の山は中南米にある」とカープ自前の選手養成所の建設を思いついた。ただ「アイデアはおやじだったが、実現したのは自分」と言うように、実際に現地へ足を運び、国情の調査から建設地の選定まで具体化したのは当時取締役オーナー代行だった元の任務だった。

進出先は最初からドミニカに決まっていたわけではない。当初の最有力候補地はキューバだった。国家評議会議長（国家元首）のフィデル・カストロ（1926〜2016年）自らが大の野球好きであり、日本との関係も良好。しかし、ハードルは思った以上に高かった。1989年のベルリンの壁崩壊で冷戦が終結しつつあったとはいえ、米国とはまだ断交状態。野球選手の亡命事件も相次ぎ、キューバ政府が神経を尖らせていたこともあり、やむなく断念した。

次の候補地として浮上していたニカラグアには元が自ら調査に赴いた。だが、現地を訪れてみると、10年以上続く内戦で国土は荒廃。当時の外相・宇野宗佑（１９２２〜９８年）の紹介状を持って訪ねたスポーツ担当大臣は軍服姿の将校で「わが国は現在戦争中であり、応じられない」とアカデミーの受け入れを拒否した。

この訪問の際、ニカラグア政府との交渉にかなりの時間を奪われ、そうこうしているうちに内戦の戦闘が激しくなり、治安状態が急速に悪化してしまう。元は北の隣国ホンジュラスからメキシコへ移動する予定だったが、身の危険を感じたため、急きょ南のコスタリカへ命からがら脱出して事なきを得た。

最終的に進出を決めたドミニカも、かつてはニカラグアと同様に激しい内戦が繰り広げられたが、１９６０年から１９９６年まで断続的に3度大統領を務めたホアキン・バラゲール（１９０６〜２００２年）が「ドミニカの奇跡」と呼ばれた経済成長を実現。汚職が蔓延し、貧富の格差は大きかったが、中南米の中では比較的治安も良かった。

カープ・アカデミーは首都サントドミンゴから東へ約80キロのサンペドロ・デ・マコ

リスに8万坪（約26万4000平方メートル）の用地を確保し、約6億円を投じて建設された。運営費は年約1億円。開校からの約30年間は決して順風満帆ではなかったが、2017年にサビエル・バティスタ外野手が、2018年にヘロニモ・フランスア投手がいずれも彗星のように登場してセ・リーグ連覇に貢献。アカデミーの成果がようやく脚光を浴びるようになった。

マツダスタジアムの誕生で大人気球団に変貌

こうしたカープの「育てて勝つ」戦略を後押しした要素として欠かせなかったのが2009年に完成したマツダスタジアムである。観客の飛躍的な増加が選手のモチベーションを上げ、それが勝利にこだわる姿勢に結びついてきた。

1957年に完成した旧広島市民球場は市中心部に近い一等地にあったが、築50年を迎えようとしていた頃には老朽化が進み、集客にも支障をきたすようになっていた。

若い頃から何度も渡米してMLBの球場を数多く見て回った元は、広島の経済界や自治体が検討を重ねていた「ドーム球場」ではなく、屋根がなく開放感のある天然芝のグラウンドの試合を老若男女が楽しめる「ボールパーク」の実現を望んでいた。

マツダスタジアムの名物シート「寝ソベリア」（著者撮影）

観客の視線がグラウンドレベルになるように掘り下げた「砂かぶり席」や寝転んで観戦できる「寝ソベリア」など客席に工夫を凝らしたほか、チケットの席の種類にかかわらず、スタジアム内を一周できるコンコース（通路）を設置。コンコースは大アーケードで知られる広島本通商店街の道路と同じ幅広サイズとし、試合の行方を見ながら歩けるのが特徴だ。

これらの仕掛けが話題を呼び、新たなファンを掘り起こし、旧市民球場時代にはそっぽを向いていた女性客を引きつけるようになった。年間100万人前後で推移していた主催試合の観客動員はマツダスタジアム開設初年度の2009年には187万人に急増し、1度はFAで出て行った黒田と新井が戻ってきた2015年には200万人を突破。リーグ3連覇を果たした2018年は223万人に達している。

さらに、従来は広島県民や出身者が中心だったファン層が全国規模に広がっていった。2013年頃から、赤いレプリカユニホームを着て球場へ観戦に訪れる「カープ女子」が増え、とりわけ、神宮球場や東京ドーム、甲子園球場などで行われるビジター・ゲームではスタンドの半分近くが赤く染まっていることが珍しくなくなった。2014年には「新語・流行語大賞」（「現代用語の基礎知識」選）で「カープ女子」がトップテンに入り、話題になった。

かつてはオープン戦や交流戦、日本シリーズの相手としてさほど人気のなかったカープ戦のチケットの売れ行きが活発になり、それに伴ってパ・リーグ各球団のカープを見る目が変わった。また、横浜スタジアムを買収したDeNAや北海道北広島市に新球場を建設する日本ハムの関係者がカープ詣でを繰り返し、「ボールパーク」の先進事例を学んだとされる。

元は慶応義塾大学商学部を卒業後、米国留学を経て1977年に東洋工業に入社したが、折悪しく父・耕平が同年末に社長退任を余儀なくされ、1982年に退社する。翌

1983年に広島東洋カープに入社したが、当時は球団の会計処理なども杜撰で「会社の体を成していなかった」。

そんな職場で問題を1つ1つ取り除き、組織の整備を進めたのは、まだ30代そこそこの元だった。辞めてもらった職員もいる。「『あんな若造……』と思われただろうけど、仕方がなかった」と苦しんだ当時を振り返る。

2004年の「球界再編騒動」からコロナ禍に見舞われる直前の2019年まで、米大リーグに倣った経営の近代化が進んだ日本球界で「最も成功したオーナー」を選ぶとすれば「地方の貧乏球団」を「全国区の常勝球団」に変えた松田以外にない。松田家は自動車の「マツダ」に加えて、野球の「カープ」という新しいブランドを確立したのである。

家業を受け入れた重次郎の曾孫

マツダ車の有力ディーラー、広島マツダ（広島市）の会長である松田哲也（1969年生まれ）は、小学校3〜4年生の頃、先生から何気なく尋ねられたことをうっすら覚えている。

「これからマツダはどうなるの」

ちょうど、オイルショック後の業績不振の責任を取る形で当時の東洋工業社長、松田耕平が代表権のない会長に退くことが新聞で報じられていた。10歳にも満たない子どもには答えようもない質問だったが、自分が創業一族の一員であることが心に刻み込まれた出来事だった。

その耕平に、哲也は1度だけ相談事を持ち込んだことがある。関西大学法学部在学中で、卒業を控え就職を考えている時期だった。

「実はマスコミに関心があるんですが……」

話を切り出すと、耕平はじっと耳を傾けて聞いてくれた。

当時、哲也は関西のある民放テレビ局でアルバイトをしていた。時代は1990年代初頭、バブルはすでに弾け、不動産や証券・金融など一部の業界は混乱の渦中にあったが、まだ世の中全般に不況感は広がっていなかった。華やかだったマスコミの世界でエネルギッシュなスタッフに感化され、自分もあの中に加わりたいと漠然と思うようになっていたのだ。

哲也の思いを聞いた耕平は、諭すようにこんな話をした。

「ワシはスポンサーやったからマスコミの人はどこの会社でもよく知っとるし、おまえが憧れる気持ちもわかる。だがなあ、そこへ入っても、せいぜい部課長止まりかもしれん。せっかく会社の社長の跡取りとして生まれたのに、それを捨てていく価値があるのかどうか。よく考えてみろ」

そう言われた哲也は、自分の浮ついた気持ちを見抜かれた気がした。

結局、家業を継ぐ意思を固め、1993年にまず、同じマツダ系のディーラーである神戸マツダ（神戸市）に入社。2年間修業を積んだ後、父の欣也（1937年生まれ）が社長（現・名誉会長）を務める広島マツダへ移った。

次男・宗彌の系譜

東洋工業の創業者、松田重次郎には2人の男子があった。長男の恒次は1927年に東洋工業へ入社し、戦後の一時期、労組の同族経営批判を理由に会社を離れたが、3年後に復帰。1951年12月に重次郎から社長の座を受け継いだ。

その恒次には2つ違いの弟がいた。重次郎にとっては次男となる宗彌である。宗彌の長男が欣也であり、そのまた長男である哲也は、宗彌の孫であり、重次郎からみれば曾孫にあたる。

1933年に宗彌は東洋工業が製造する三輪トラックを販売する会社マツダモーターース（現・広島マツダ）を設立。広島県産業奨励館（後の原爆ドーム）などが立ち並ぶ市内中心部の猿楽町（現在の広島市中区）に本社を構え、東洋工業草創期の販路拡大に貢献した。

三輪トラック、いわゆる「バタンコ」製造への参入から数年で、東洋工業は発動機製造、日本内燃機と並ぶ三輪トラックの三大メーカーの一角に成長する。東洋工業の躍進は、製造部門に心血を注いだ恒次、販売部門を先頭に立って引っ張った宗彌、といった具合に、明確に役割分担した兄弟が両輪となり、父・重次郎を支えた結果ともいえた。

しかし、1945年8月6日、来客への応接のために普段より早く家を出た宗彌は建物疎開で本川橋西詰めの塚本町（現広島市中区堺町付近）へ移転したばかりのマツダモーターース本社で、当時7人いた全従業員と共に原爆の犠牲となる。

宗彌の長男・欣也は当時8歳で国民学校2年生。広島県双三郡君田村（現在の三次市）に集団疎開してから数日後の朝、遠くからズーンと大きな音がしたのを記憶している。

「おそらくその日が8月6日だったのでしょうね」

74年後の2019年5月、欣也は広島市のオフィスでこの日のことを振り返った。

市の中心部を一瞬のうちに廃墟にした原爆の投下から2日後、祖父の重次郎が祖母と母を伴って疎開先へ迎えに来た。

しかし、父がいない。母に尋ねると「おじいさまに聞きなさい」と一言。子供心にもそれが父の死を意味していることが分かった。

2歳違いの欣也の姉、武澤八重子の記憶はより鮮明だ。父・宗彌が被災した塚本町のマツダモータースの本社は爆心地から約500メートル。建物は爆風で倒壊した後、火焔で焼きつくされたため、遺体の区別は容易でなかった。

「こんなことはあってはならないのですが、最初は違う方のご遺体を拝んでいたんです。後になって別の遺体が本当の父と分かりました。いつも持ち歩いていたカギの束がそばにあったからだそうです」

松田宗彌
（『広島マツダ35年の歩み』より）

会社消滅の危機から復活

原爆で社長以下、全従業員を失ったマツダモータースは当然のことながら会社消滅の危機に立たされたが、終戦から5カ月後の1946年1月15日に再建の一歩を踏み出す。中心となったのは、重次郎の甥《おい》の松田教治。17歳の時から重次郎の下で働き、大阪・中津村の松田製作所時代には、従兄弟の恒次と並んで鍛冶の鞴《ふいご》を吹いた仲である。さらに、この新生・マツダモータースの取締役に、まだ慶大法学部に在学中だった耕平が名を連ねたことは前に触れた。

東洋工業は1945年12月に三輪トラックの生産を再開。月産500台の目標を立て、そのための販社の再建だったが、製造部門は部材調達が思うに任せず、1946年1月の完成車は1台、2月は19台と低調だった。

ただ、そんな状況下でも、マツダモータース2代目社長となった教治は復興への思い厚く、新卒採用を始める。その1号社員となったのが、後に広島マツダで常務などを歴任した熊野巧である。1946年3月5日に県立広島工業学校（後の広島工業高校）を卒業し、同10日に入社した。

「本社とメンテナンス工場は幟町（広島市中区）にあり、粗末なバラック建て。本当は東洋工業入社が内定していたのに、教治さんが父の日本製鋼所勤務時代の上司だった関係で、強引にマツダモータースへ連れていかれた」

熊野は笑いながら当時を振り返る。

入社後しばらく、熊野は工場で車のオーバーホール（エンジンを分解して洗浄する作業）などを担当していたが、1947年に慶大を卒業し専務として勤務を始めた耕平に抜擢され、営業部門へ異動することになる。

2人の出会いはある冬の寒い夜、明朝一番にオーバーホールを完了させなければならない車があり、熊野が震えながら作業していたところ、耕平が突然現れ「終わるまで待っているから事務所に来い」と言う。「何か小言を言われるのかな」と熊野の脳裏を少しばかり不安が掠めた。

急いで作業を仕上げ事務所に行くと、耕平が「寒かったろうし、おなかがすいたろう」とねぎらいの声をかけてくれた。さらに「ちょっと付き合え」と繁華街八丁堀の寿司屋に連れていき、熊野は「それまで食べたことがないようなごちそうをいただいた」。「陰日向なく会社のために尽くしてくれる人物を探していたが、今日は君の後ろ姿を見て本当にうれしかった」

耕平は熊野の手を握りしめて心情を吐露した。

その後「わしには弟がいないので、おまえは弟のように思える」と言いながら、共に自動車整備士の国家試験に挑んだり、営業網拡大に知恵を絞ったりして苦楽を共にした。耕平は1956年5月に、教治に代わって社長となり、社名を「広島マツダ」に変更した。

松田家の嫡男である耕平をまずマツダモータースに配属したのは、重次郎というより、恒次の考えだった。恒次は原爆で不慮の死を遂げた弟・宗彌の家族の将来を案じ、マツダモータース、すなわち後の広島マツダに自分の長男を送り込んで再建し、その経営を宗彌の子どもたちに引き継がせようと路線を敷いたのである。

仲良しだった兄弟

実際、耕平が1961年6月に恒次の後継者として東洋工業副社長に就任すると、翌年5月に宗彌の長男の欣也が25歳の若さで広島マツダ社長となっている。「まだまだ若輩だったが、耕平さんが管理部門の組織強化をしっかりやってくれていて随分助かった」と欣也は社長に就任した当時を回顧する。

「父と伯父の恒次は本当に仲良しでした」と宗彌の長女の八重子は話す。

2人とも音楽が好きで、おカネを出し合って蓄音機を購入し、クラシックのレコードを競い合うように買っていたという。父・重次郎が工場経営に失敗して東屋を出奔した後、恒次と宗彌は大阪の祖父母のもとに残され、その後は祖父の故郷である長崎へも兄弟で移り住んだ。2人の絆は周囲の人々の想像以上に強く、深かった。

ただ、兄弟に対する重次郎の思いは錯綜していた感がある。1952年3月15日、東洋工業本社で行われた重次郎の社葬で喪主を務めたのは長男の恒次ではなく、次男・宗彌の長男である欣也だった。この年、欣也は15歳。学生服姿の喪主の登場に少なからぬ参列者が驚いた。「恒次さんという立派な後継者がいるのに、なぜ喪主が孫なのか」。

欣也は自分が喪主に指名された理由は分からないとしながらも「祖父にとって、恒次さんはあくまで自分が婿養子に入った東屋家の跡取りだという意識があった。そのことで遠慮があったのかもしれない」と推測する。

重次郎は東屋恒吉との養子縁組解消後、2人の息子を東屋姓のままにしていたが、そのうち先に宗彌を松田家の戸籍に入れた。このため重次郎の戸籍上の長男が恒次でなく宗彌になっていたともいわれていた。

最初の結婚後、恒次は約3年間重次郎に勘当され、戦後の労働争議が収まった後には一時的に東洋工業の経営から追われたこともあった。不仲の父との関係に神経をすり減らしていた恒次にとって、弟の宗彌は気の許せる唯一の理解者だった。

原爆投下の4日後、恒次が義弟（重次郎の長女・美重子の夫）で東洋シート（広島県海田町）創業者の山口譲に宛てた手紙にはこんな一節がある。

「幸ひ、父、村尾、拙宅には死傷者を出す事無かりしも宗彌の店は倒壊と共に全員下敷きとなり火災の為に焼け宗彌は親族中の最初の戦災犠牲者として白骨となり本日漸く判明其遺骨を引取申候誠に遺憾の事に有之候……」

恒次の無念さが行間からにじみ出ている。

広島の新名所「おりづるタワー」

宗彌を含む約14万人（1945年12月までの推計）の命を奪った原爆投下から71年後の2016年9月、広島マツダが既設ビルを購入し全面改修した地上14階建ての複合ビル「おりづるタワー」が開業した。

1階には物産コーナーやカフェ、12階には来館者が平和の象徴である折り鶴を折る

おりづるタワー（左）と原爆ドーム。距離の近さがわかる（著者撮影）

「おりづる広場」などがあり、屋上展望台からは原爆ドームをはじめ平和記念公園が見下ろせる。

会長兼最高経営責任者（CEO）としてプロジェクトの先頭に立った哲也は「戦後復興を遂げた広島の自然や人々の強さを感じてもらいたい」と語っている。

原爆ドームや平和記念資料館は確かに原爆の悲惨さを来訪者に伝えているが、「廃墟から立ち上がった広島の人々の強さを感じさせるものがない」とかねて哲也は感じていた。その思いは、数多く広島を訪れる外国人観光客をはじめ、市民にも浸透し、おりづるタワーは新しい観光名所となりつつある。

おりづるタワーの所在地は旧地名でいえば猿楽町。爆心地となった島病院（現・島内科医院）は東側の裏手にあり、宗彌が犠牲になった旧塚本町にも程近い。ビルの旧オーナーがこの建物を売りに出し、「買いませんか」と声を掛けられ、初めて屋上からの景色を見た時、哲也は「他人に買わせたくない」と思った。

広島マツダの自動車販売の歴史は決して順風満帆ではなかった。欣也の社長就任時は東洋工業がロータリーエンジンを開発する前で、まだ世間では「バタンコ」メーカーの印象が強かった。自動車販売だけで会社を維持するのは難しく、不動産事業などで本業の赤字をカバーした時期が長く続いた。

１９７７年に耕平が社長の座から降りると、その後のマツダと松田家の関係は薄れていった。マツダの社員の間でも今や創業家について語られることはめったになくなった。耕平が去った後のマツダはメーンバンクの住友銀行の支配下を経て、１９９０年代半ばに米フォードの傘下に入り、さらに２００８年のリーマン・ショックで資金繰りに窮したフォードの持ち株売却でようやく独立を取り戻した。

その間、宗彌の子の欣也、孫の哲也が経営を引き継いだ会社は、決して商品力が高いとは言い難かったマツダ車を辛抱強く売り続けた。低燃費技術「スカイアクティブ」でマツダ車が高い人気を得るようになったのは２０１０年代以降のことである。重次郎以来の松田家の「不屈の精神」は脈々と受け継がれ、創業から１世紀を経ても、その土壌が枯れ、干涸びることはない。

あとがき

数年前のこと、広島東洋カープ球団の松田元オーナーと雑談している際、筆者がふと「松田家の歴史を知りたくても、そんな文献は広島の本屋にもないですね」と問いかけたことがあった。すると松田さんは「そうそう。わしが持っているのもこれくらい」と執務室の書棚から1冊の本を取り出して渡してくれた。

それが、時事通信社が「一業一人伝」として刊行していたシリーズ本のひとつ『松田重次郎』だった。筆者の梶山季之（1930〜75年）は『黒の試走車』や『赤いダイヤ』などの産業スパイ小説で知られた売れっ子作家で、広島育ちだったことから指名されたらしい。

同書は重次郎の挫折と再起の物語であり、それがこれでもかというくらい繰り返されるのだが、そこにこんな話が収められている。

大阪・上福島でポンプ製造会社として立ち上げた松田製作所が1913年（大正2年）、

舞鶴海軍工廠から演習用魚雷の部材製造を大量受注する。喜んだのも束の間、製造に必要な原料費などの資金がない。そこで重次郎は工場の近所にあった加島銀行福島支店に駆け込み、初対面だった支店長の羽田栄重に期間2日で700円（現在の約73万円）の融資を申し込んだところ、羽田から「もっと入用ではないですか。1000円を1カ月お貸ししてもいいですよ」と勧められる。理由を尋ねると「あなたの工場の職工さんたちが預金に来ては、うちの行員と話している。みんな、あなたを褒めない人がいない。こういう会社を信用しないわけにはゆきません」とのことだった。

支店長の好意を喜んだ重次郎は、事業がうまく行くのに伴い、その後3千円、5千円と融資を受け、短期間で借り入れの合計が2万円余りに達したが、羽田はイヤな顔ひとつせず、快く用立ててくれた。そんなある日、重次郎がまた2千円の融資を頼みに銀行に赴いたところ、羽田は郷里で不幸があり不在だった。困った重次郎は本店から来ていた支店長代理に融資を頼んだところ、代理は帳簿を見て顔色を変えた。資本も担保もない松田製作所に2万円も貸し込んでいたことを問題視したのである。「とんでもない話だ。羽田君が戻ってきたら、よく話を聞いてみなければならない」と代理は重次郎にこう言い放った。

重次郎は2千円の金策に失敗したことより、本店の許可を得ることなく好意で2万円もの大金を貸してくれた羽田の好意を裏切ることを悔やんだ。数日後「至急お会いしたい」との電話を受けると、重次郎は支店に駆けつけ、開口一番こう切り出した。「お話はもうわかっています。特別の融資をしていただいたご好意を仇に報いてはなりません。どうか1週間ご猶予願いたい。必ず返金の算段をします」。重次郎は工場を売りに出し、借金を全額相殺するつもりだった。「それであなたはどうするのですか」と尋ねる羽田に対し「また小さな仕事からやり直します」と答えた。羽田はしばらく思いを巡らせてから、こう言った。「あなたの気持ちはよくわかりました。貸付金は急いでお返しにならなくて結構です」。そして羽田は支店の有力な取引先を紹介し、出資者となるよう話をつけてくれた。

義理を尽くし、誠意を貫くためにいつでも全財産を投げ出す用意がある。これが事業家としての重次郎の凄みである。この数年後、松田製作所はロシア向け信管の受注生産で巨大企業に成長するが、広島への工場移転計画で他の重役陣と対立し、重次郎は自分が創業した会社を去ることになる。その理由は、移転を歓迎し土地の売却まで約束してくれた人々を裏切るのを憚り、改めて起業し新たな工場を建設する決断をしたからだった。さらに時代が下り、関東大震災後の不況下で東洋コルクの工場が焼失し万事休した時も、日窒コンツェルンの野口遵に全財産を渡し、自分はブラジルで新事業を始めることを本気で考えていた。

長男の恒次が自著で書き記したように、重次郎は「機械に対する熱烈な愛着心と、どんな試練にも耐えうる根性の持ち主であった」。2代目の恒次も戦後三輪トラックから四輪トラック、乗用車へと事業を次々に拡張し、さらに世界への飛躍を目指しロータリーエンジンの開発に心血を注いだ。東洋工業の経営トップとしての系譜は残念ながら3代目の耕平で途絶えるが、4代目の元は「親会社なき球団経営」という新たな事業モデルをプロ野球界に確立した。そんな松田家の人々が辿った不屈の闘いの歴史を描こうと考えたのが本書執筆の動機である。

編集は『経団連』『広島はすごい』でもお付き合いいただいた横手大輔さんにお願いした。独自の鋭い視点で、的確な助言を幾度も頂戴したことに深く感謝申し上げる。

バブル崩壊後の「失われた20年」から「液晶・半導体敗戦」「コロナ敗戦」と日本経済は低迷が続き、浮上の気配がなかなか感じられない。停滞した経済にエネルギーを注ぎ込むのは未来に挑む起業家である。重次郎のように少年時代から大志を抱き、勇気を奮って新天地を目指そうとする若者が現代にも必ず存在する。本書が彼らの新しい物語が始まるきっかけになれば本望である。

２０２２年１月

安西巧

【主要参考文献】

『東洋工業と松田重次郎』（1958年、東洋工業）
『カープ風雪十一年』河口豪著（1960年、ベースボール・マガジン社）
『松田重次郎〜一業一人伝』梶山季之著（1966年、時事通信社）
『合理性・人間味』松田恒次著（1965年、ダイヤモンド社）
『私の履歴書』松田恒次著（1965年、日本経済新聞社）
『広島マツダ35年の歩み』（1969年）
『松田恒次追想録』（1972年）
『東洋工業五十年史　沿革編』（1972年）
『一隅を照らす』故松田恒次前社長記念誌編集委員会編（1973年）
『V1記念　広島東洋カープ球団史』（1976年、中国新聞社）
『軋んだ車体〜ドキュメント・東洋工業』梶原一明著（1978年、実業之日本社）
『鈴木龍二回顧録』（1980年、ベースボール・マガジン社）
『広島経済人の昭和史Ⅰ・Ⅱ』高橋衛編（1988年、広島地域社会研究センター）
『値段史年表　明治・大正・昭和』週刊朝日編（1988年、朝日新聞社）
『日本の選択3　フォードの野望を砕いた軍産体制』NHK取材班編（1995年、角川文庫）
『松田耕平追想録』（2003年）
『マツダの魂〜不屈の男　松田恒次』中村尚樹著（2018年、草思社）
『マツダ　東洋コルク工業設立から100年』自動車史料保存委員会編（2021年、三樹書房）

安西巧　1959年福岡県生まれ。日本経済新聞編集委員。早稲田大学政治経済学部を卒業後、日経に入社し、広島支局長などを経て現職。著書に『経団連　落日の財界総本山』『広島はすごい』など。

新潮新書

942

マツダとカープ
松田《まつだ》ファミリーの100年史《ねんし》

著　者　安西巧《あんざいたくみ》

2022年2月20日　発行

発行者　佐藤隆信

発行所　株式会社 新潮社
〒162-8711　東京都新宿区矢来町71番地
編集部（03）3266-5430　読者係（03）3266-5111
https://www.shinchosha.co.jp
装幀　新潮社装幀室
組版　新潮社デジタル編集支援室

印刷所　錦明印刷株式会社

製本所　錦明印刷株式会社

ISBN978-4-10-610942-3　C0234

672
広島はすごい
安西巧

マツダもカープも、限られたリソースを「これ！」と見込んだ一点に注いで大復活！　独自の戦略を貫くユニークな会社や人材が次々輩出する理由を、日経広島支局長が熱く説く。

901
自衛隊最高幹部が語る令和の国防
岩田清文　武居智久
尾上定正　兼原信克

台湾有事は現実の懸念であり、尖閣諸島や沖縄も戦場になるかも知れない——。陸海空の自衛隊から「平成の名将」が集結、軍人の常識で語り尽くした「今そこにある危機」。

882
スマホ脳
アンデシュ・ハンセン
久山葉子訳

ジョブズはなぜ、わが子にｉＰａｄを与えなかったのか？　うつ、睡眠障害、学力低下、依存……最新の研究結果があぶり出す、恐るべき真実。世界的ベストセラーがついに日本上陸！

933
ヒトの壁
養老孟司

コロナ禍、死の淵をのぞいた自身の心筋梗塞、愛猫まるの死——自らをヒトという生物であると実感した2年間の体験から導かれた思考とは。84歳の知性が考え抜いた、究極の人間論！

820
ケーキの切れない非行少年たち
宮口幸治

認知力が弱く、「ケーキを等分に切る」ことすら出来ない——。人口の十数％いるとされる「境界知能」の人々に焦点を当て、彼らを学校・社会生活に導く超実践的なメソッドを公開する。